歴史文化ライブラリー

212

戦後政治と自衛隊

佐道明広

吉川弘文館

目　次

軍事を忘れた国の「軍隊」——プロローグ

1　軍事を忘れた国の「軍隊」

「戦後日本政治」の特徴

二〇〇五年で第二次世界大戦が終了して六〇周年を迎えた。人間で言えば還暦、敗戦からこれまでの歩みを振り返るのにふさわしい時期であろう。さすがに還暦を迎えて、日本は戦後に築いてきたさまざまなシステムを修正する必要があると言われている。そこでいったい日本はそもそもどのようなシステムで運営されているのか、政治・経済・社会の諸分野で見直しが行われている。

その際、戦前と戦後の連続性と非連続性ということが問題になることがある。それは政治・経済・社会にわたるいろいろな分野で、戦前の日本の仕組みとかなり異なっている点、あるいは同じ性質が継続している点はどこかという疑問である。明治憲法体制と現行憲法の体制というまったく異なる国家制度で運営されていると言っても、戦前と戦後でリーダーの全てが、そして法体系の全てが完全に入れ替わってしまったわけではないから、制度や制度運営の考え方も含めて戦前からの連続性があっても当然である。もし連続性を問題にするとすれば、どの程度の連続性があるのか、またそのことがどういう意味を持っているのかということが重要な点であろう。

さて、戦前と戦後の日本で大きく変化したものの代表格が、安全保障に関する政策であることは間違いない。黒船来航という外国からの脅威の襲来を契機に明治維新《めいじいしん》を行なって、近代国家に生まれ変わった日本は、富国強兵《ふこくきょうへい》の名の下に軍事を中心とした安全保障を重視する国家をつくり上げた。しかし、軍部という安全保障の中核に位置する存在が独走したことなどにより、戦前の国家体制は無謀な戦争に突入し、敗戦によって国家体制自体が破綻《はたん》するという皮肉な結果になった。そして戦後の日本は、日本占領にあたった米国の日本民主化・非軍事化の方針の下、平和主義の憲法が制定され、「軍隊」を持つことなく生きていくことになった。軍事重視の国家から徹底した平和主義の国家へと変貌をとげたわけである。

ただ、冷戦の進展など国際情勢の変化は、日本が「軍隊」なき国家として生きていくことを許さなかった。一九五〇年に朝鮮半島で戦争が勃発したことを契機に、警察予備隊が創設され、それを母体に保安隊、そして直接侵略への対処を任務とする自衛隊が五四年に発足するのである。以来、自衛隊の整備は進み、世界有数の装備を誇る「軍隊」へと成長した。その自衛隊も二〇〇四年で創設五〇周年、すなわち半世紀を迎えた。

しかし自衛隊は決して順調な歩みをとげたわけではない。平和主義の憲法という大きな制約の下で、その存在の合法性すら問題にされながら、苦しみつつ成長していったのである。しかも、敗戦による占領から独立を果たすとき、政府は日本の安全保障の基軸に日米安全保障体制（日米安保体制）をすえた。日本防衛を基本的に米国に依存しようということである。誕生した自衛隊は、日米安保体制の下でどのような役割を果たすべきかということも模索しなければならなかった。そして実はこういった問題に、戦後の日本政治は主体的なかかわりが極めて乏しかったのである。

そもそも安全保障は国家のもっとも重要な課題であって、軍事は今でも、その中で中核の位置を占めている。軍事を扱う組織である軍隊は、国家における最強の暴力装置であって、軍隊という組織を国家機構にどのように位置づけるかは、その国におけるもっとも重要な政治課題の一つである。しかし戦後日本では、平和主義の憲法の下、戦争や軍事に関することを嫌う風潮が国民一般の中に広がる中で、政治は安全保障という重要課題を日米安保体制に依存することで国内問題に集中してきたのである。すなわち、安全保障の中で「軍事」に関する問題を極力避けてきたのが「戦後日本政治」の特徴であった。その「戦後日本政治」の中で、政治家はなるべく防衛問題が政治問題化するのを避けてきた。そして自衛隊を災害派遣・民生協力以外で使用することなど考えられないという雰囲気が定着したのである。

実態がわからない自衛隊

そういった状況が、冷戦の終了以来大きく変わってきた。北朝鮮の核問題や、中東の不安定さ、9・11事件に象徴されるテロなどの新たな脅威の出現といったことを背景に、国民の危機意識は今、かなり高まってきている（内閣府世論調査平成一五年一月、図1）。こうした危機感を背景に、自衛隊への関心も徐々に高まっており（図2）、冷戦後に行われるようになった国際協力活動の成功もあって自衛隊に対する好感度も上がっている（図3）。しかも自衛隊増強を求める意見すら冷戦終了直後に比べてほぼ倍増しているのである（図4）。興味深いのは国防に関する国民の意識で、決して高いわけではなく、年々低下傾向にある（図5）。しかし外国からの侵略を受けた時には、何らかの方法で自衛隊に協力するという人は逆に増加している

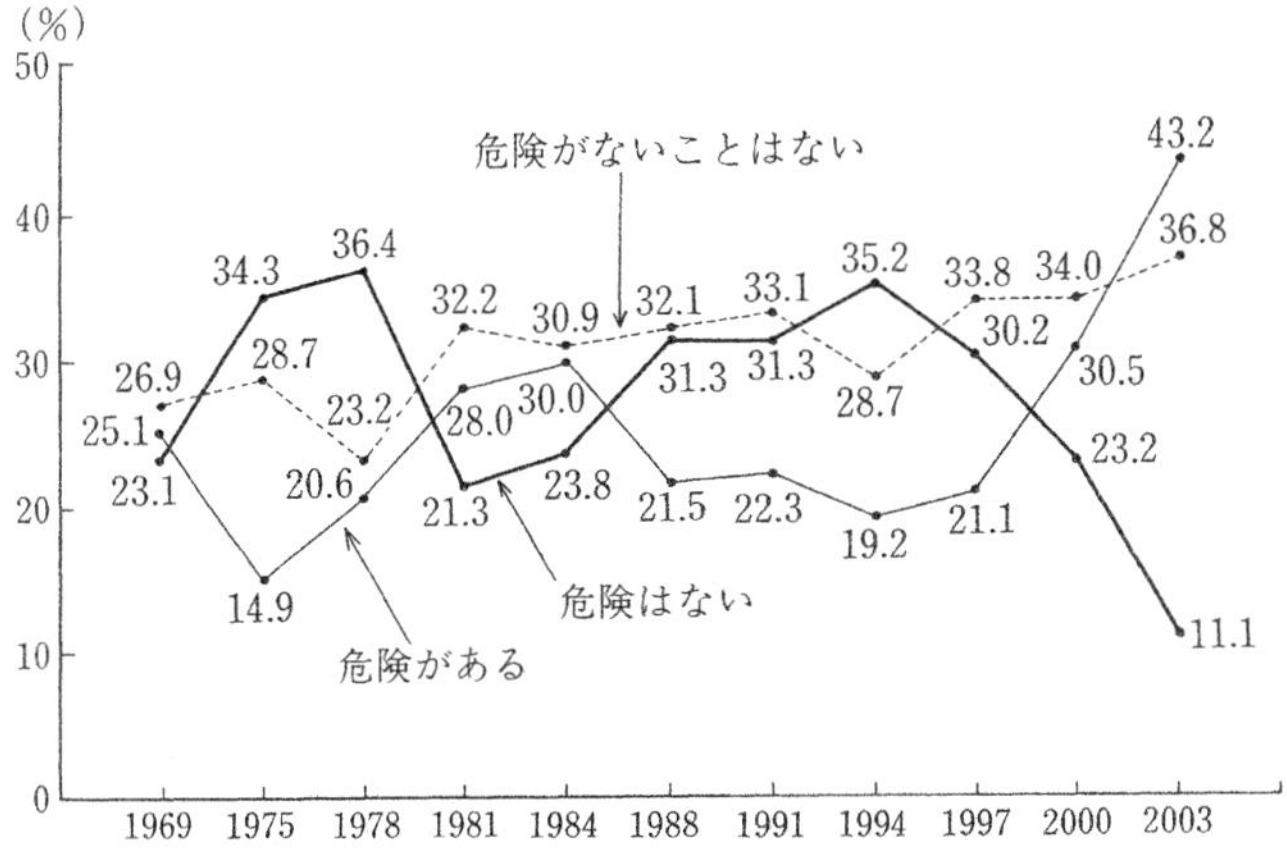

図１　日本が戦争に巻き込まれる危険性

（以下，平成15年１月内閣府世論調査より）

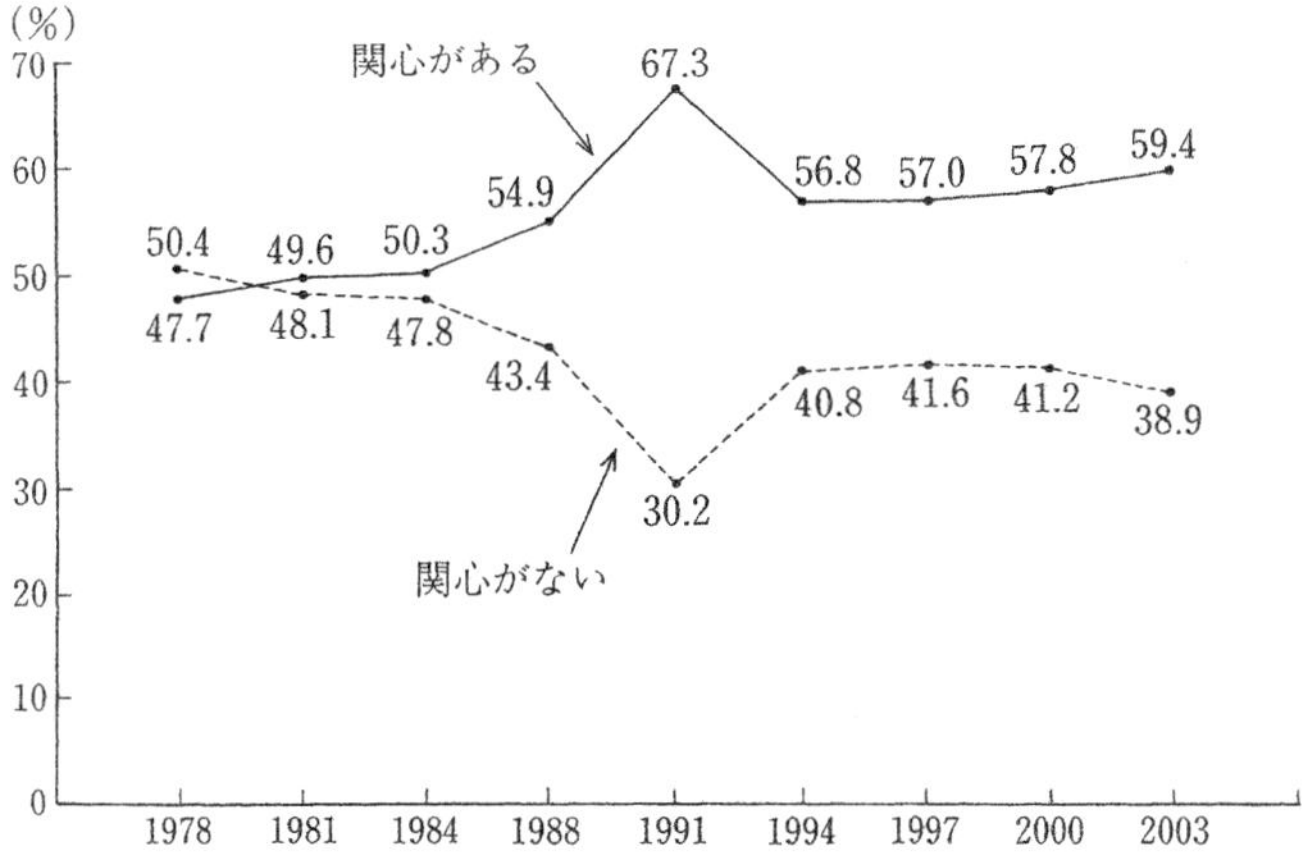

図２　自衛隊や防衛問題への関心

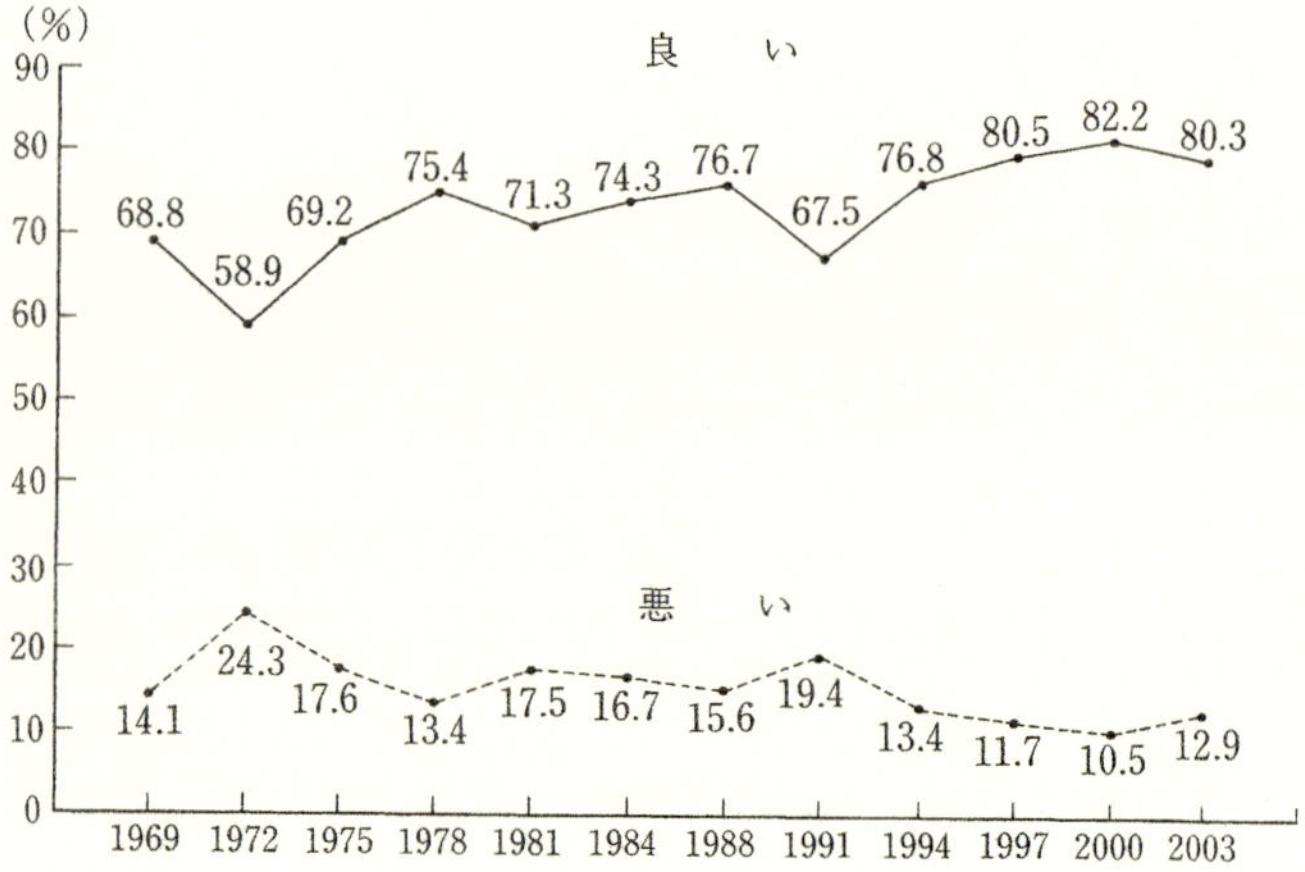

図３　自衛隊への全般的な印象

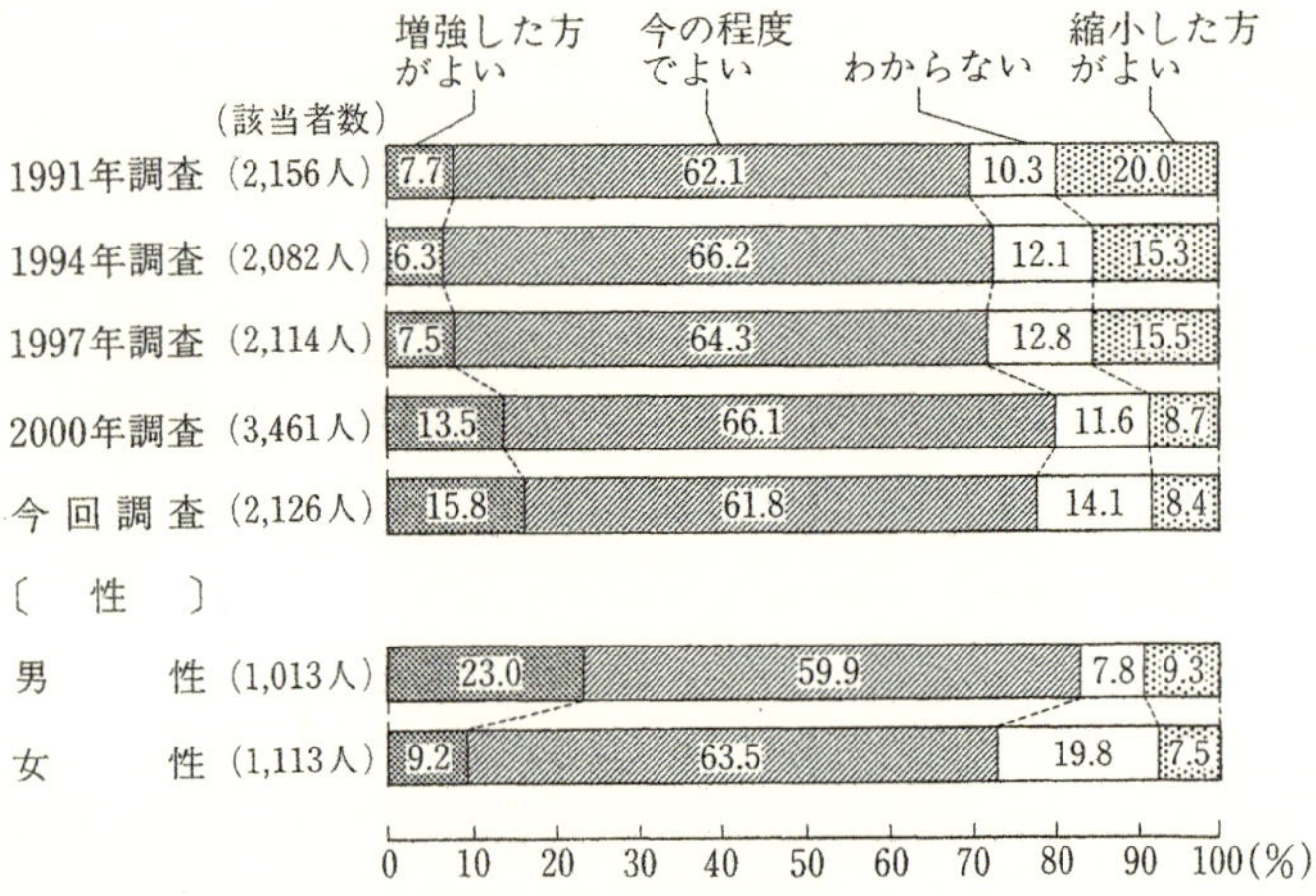

図４　自衛隊の防衛力

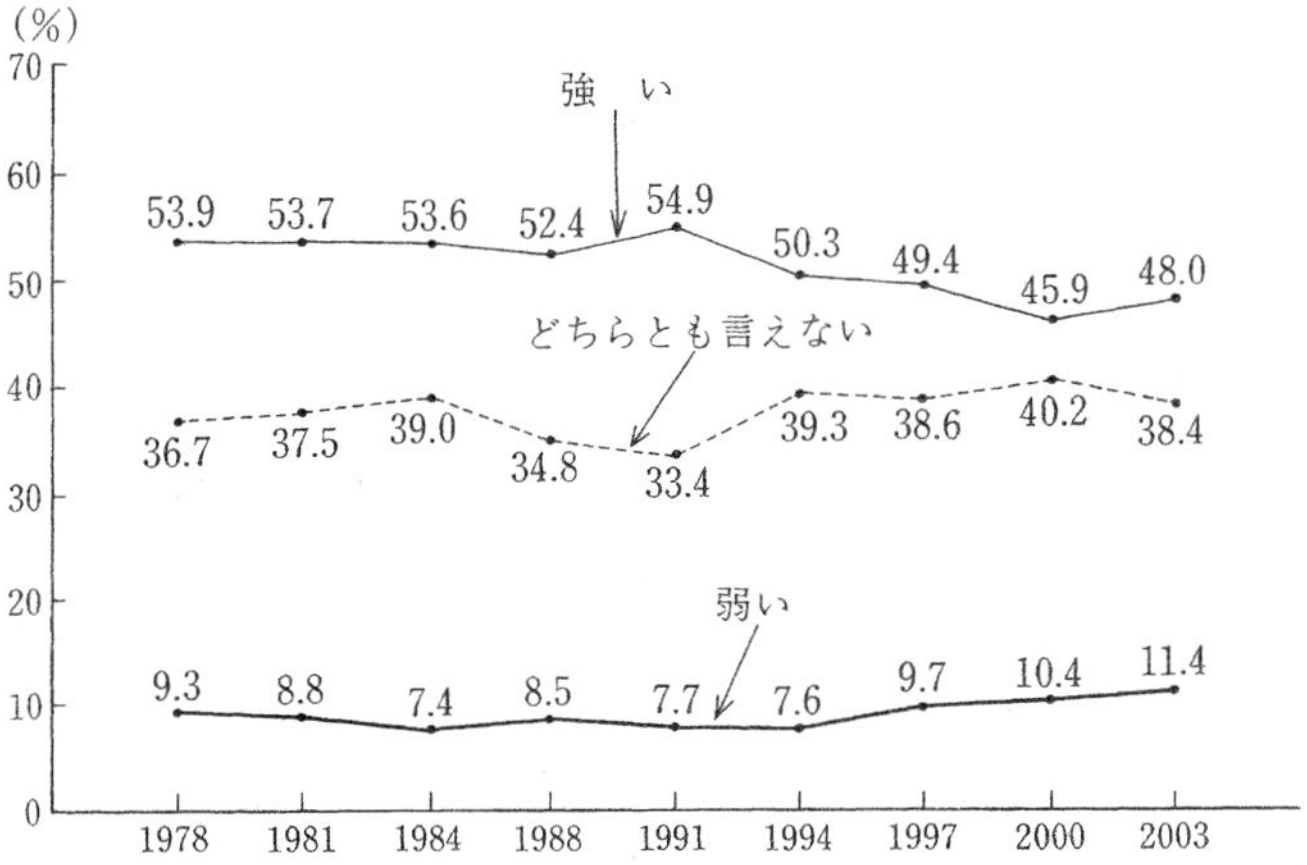

図5　「国を守る」気持ちの強さ

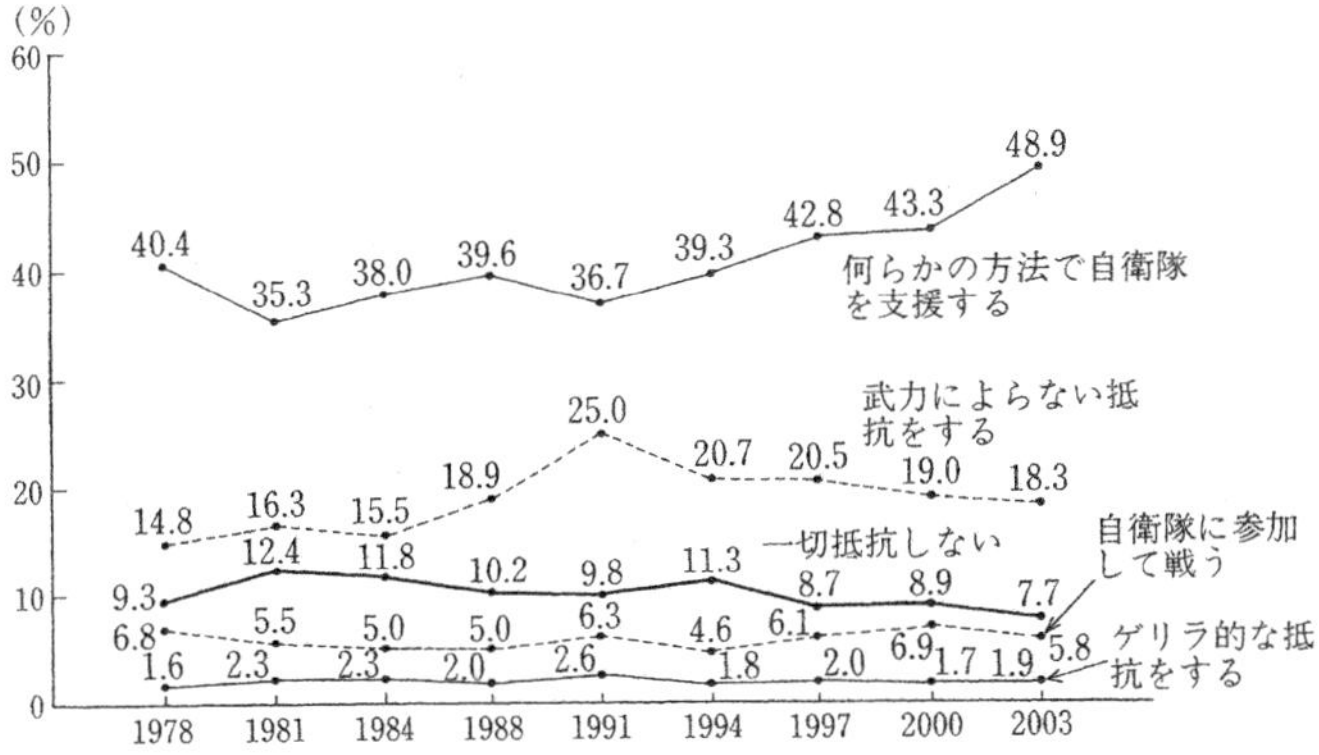

図6　外国から侵略された場合の態度

（図6）。戦後長く続いた徹底した平和主義を反映して、自ら国家防衛のために戦うことはしたくないけれども、しかし自衛隊には期待していて協力したいということであろう。国民の自衛隊への信頼感は高まっていると見て間違いないと思われる。

一方で、自衛隊の実態がよくわからない、閉鎖的であるという印象も根強い（図7）。しかも、危機意識の高まりを反映して、具体的な防衛政策の内容についての関心も高まってきているが（図8）、このことは日本の防衛政策の内容が実はよくわからないということでもある。期待し、信頼はしているけれど閉鎖的で実態がよくわからない組織、そして具体的にどのように日本を守ってくれるのかもよくわからない。これが今の国民の自衛隊に対する基本的な印象であろう。このことは、防衛や軍事に関することをタブーのように扱い、自衛隊も災害救援やオリンピックなどをはじめとする民生支援以外ではなるべく国民の目から遠ざけようとした戦後政治の影響である。防衛政策の内容がわからないということ自体、防衛問題を遠ざけてきて積極的に関係しなかった政治の責任である。

本書の内容

それでは自衛隊という組織はどのように生まれ、現在に至っているのだろうか。そしてどのような防衛政策が立案されているのだろうか。本書は、軍事をタブー視した戦後日本政治の中で自衛隊がどのように成長してきたのかを明らかに

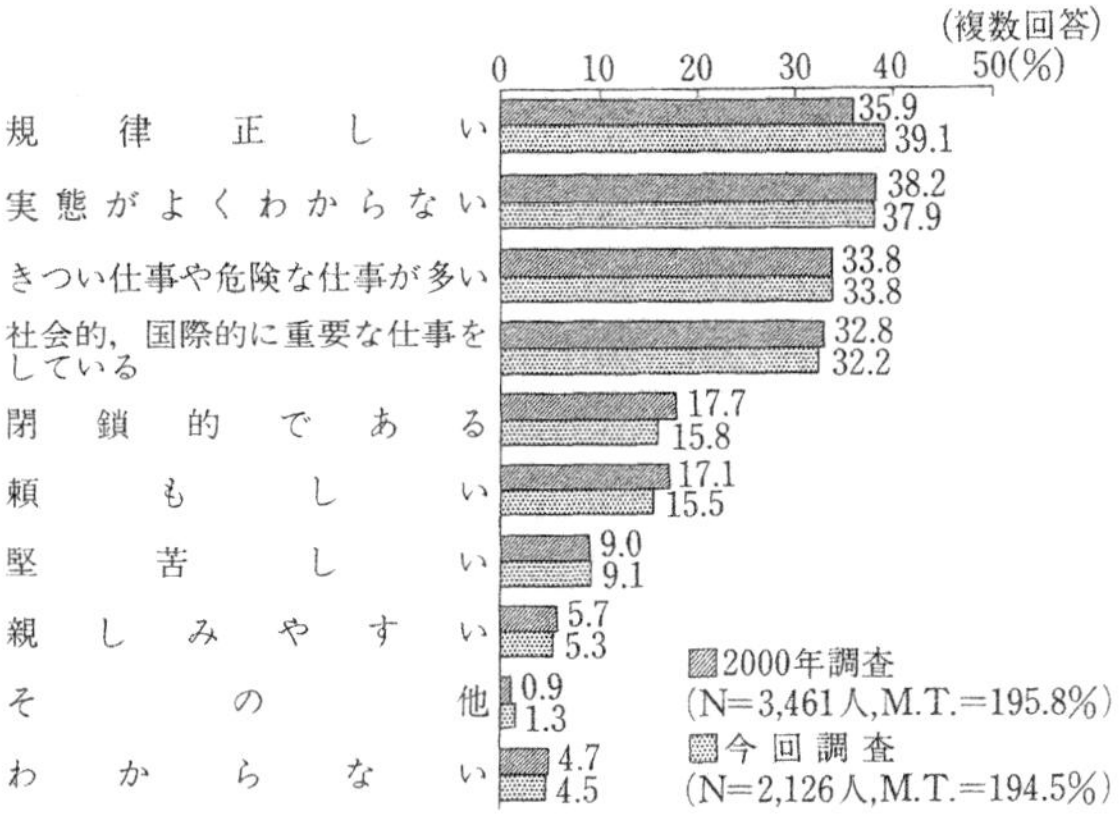

図7　自衛隊への印象の内容

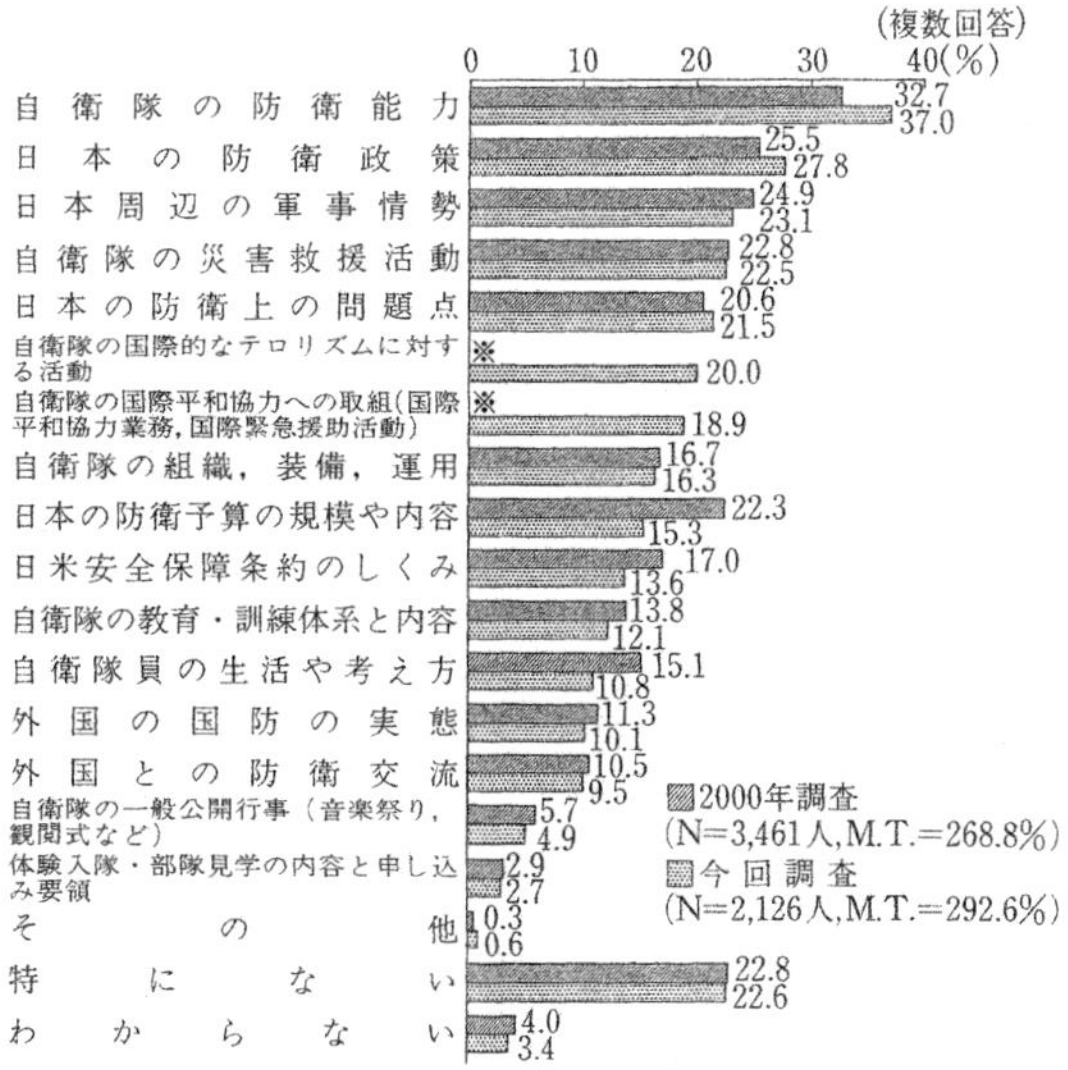

図8　自衛隊や防衛問題に関して知りたいこと

することと、それを基本的課題としている。そしてこの基本的課題を、本書は自衛隊の戦後政治の中での位置づけという視角から見ていくことにしたい。

戦前の軍部独走の教訓から、自衛隊は厳密なシビリアン・コントロールの下におかれた。この場合の、日本におけるシビリアン・コントロールの特徴は、軍事の要素を否定的に扱う消極的シビリアン・コントロール（ネガティブ・コントロール）であった。簡単に言えば、できるだけ使わないことであり、また軍事組織がなるべく活動しにくいようにすることであった。それは具体的には大きく二つの方法によっている。第一が「文官統制」に象徴される制度的・組織的制約。第二が「年次防」に代表される長期計画策定における財政的制約である。この二つによって軍事組織は厳重な制約の下に置かれ、しかも防衛問題自体、政策担当者の中にあっても低い優先順位しか与えられなかったのである。本書はこの二つの面から、「戦後政治」が自衛隊をどのように扱ってきたのかを検討することにしたい。

本書の全体は大きく四つの部分に分かれる。「再軍備の開始」の章では、敗戦から自衛隊創設までを簡単に振り返る。「自衛隊の誕生と成長」の章は創設から一九七〇年代後半までで、「防衛計画の大綱」という日本独自の防衛政策の体系を成立させるまでを描く。警察予備隊・保安隊と続き、自衛隊創設という過程で、自衛隊と防衛庁の間の「文官統制」がどのように形成されたのか、そして年次防の制度がどのような意味を持ち、「防衛計画の大綱」（大綱）がなぜ成立したのかを中心に述べる予定である。「第二次冷戦の中で」の章は、冷戦終焉《しゅうえん》まで。「大綱」とほぼ同時に成立した「ガイドライン」によって、日本は日米安保体制の下、米国の有力な「同盟国」として冷戦を「戦う」ことになる。ここで二つの異なる方針が同時に成立するということになった。

実は、日米安保体制の下での自衛隊の役割については、大きく二つの考え方に分かれていた。一つが日本の自主性の部分を大きくするというもの（「自主防衛」）、もう一つが日米安保体制に大幅に依存するというものである。前者であれば、自衛隊の役割は大きくなるし、後者であれば逆である。役割が大きくなれば、軍事専門家（制服組）の役割も責任も大きくなることになる。一方で、日米安保体制への依存度が大きいほど、自衛隊は何のために存在しているのかという問題も生じてくる。日米安保体制を前提としながら自衛隊の役割をどのように考えるか、これは自衛隊創設以来の重要問題だったのである。

「大綱」は本来、自主防衛を考えて策定されたものであった。一方で「ガイドライン」は日米防衛協力を中心に作成された。この二つの方針の下で、日本がどのように「日米同盟重視路線」に踏み込んでいったのかを「第二次冷戦の中で」の章では述べる予定である。

「冷戦終焉と自衛隊」の章は、冷戦終焉から現在まで。冷戦が終了して、日米安保体制の役割自体も見直されるはずであった。しかし、冷戦終了後の国際秩序の混乱、とくに東アジア地域の不安定さは、日米安保体制のいっそうの強化と、自衛隊の役割の拡大を招くことになる。その中で、二度にわたり「防衛計画の大綱」も改定される。では、自衛隊の役割が拡大する一方で、政治体制の中での軍事の位置づけはどのように、また、どの程度変化したのか。以上の問題を二度にわたる「防衛大綱」改定の内容に即して述べることにする。

再軍備の開始

警察予備隊は「再軍備」か

軍の解体と軍人たち

一九四五年八月、ポツダム宣言を受諾した日本は連合国に降伏し、精強を誇った帝国陸海軍は武装解除された。日本占領の中心である米国は、日本の民主化と非軍事化を占領の基本方針として決めており、復員業務や機雷《きらい》掃海《そうかい》などの業務に従事する一部の人員と装備を残して帝国陸海軍は解体されたのである。そして四六年一一月には戦争放棄を謳《うた》う新憲法が公布され、日本は非武装と徹底した平和主義の下で戦後の歩みを始めることになった。五〇年八月に警察予備隊令が公布・施行され隊員募集が開始されるまで、日本防衛にあたる軍事組織は創設されなかったのである。

しかし、敗戦による軍隊の武装解除は当然のこととしても、将来にわたって軍備を放棄するということが最初から決まっていたわけではなかった。戦争に負けて軍隊が武装解除されたとしても、やがて軍隊を再建するというのは国家の基本的権利であるというのが国際的な常識である。旧帝国陸海軍の軍人たちも、敗戦直後から、将来いかにして、どのような軍を再建するかという構想を検討していた。そして陸軍と海軍とでは、再軍備に関する軍人の関与の仕方も、将来再建されるべき軍隊に関する考え方も異なっていた。このことが後の再軍備過程で重要な意味を持っているので、まず旧軍人の動向からみていくことにしよう。

まず陸軍である。戦前、軍部による政治支配といわれる状態でのまさに主役であった陸軍は、敗戦によって主要な幹部が自殺、戦死、戦犯として逮捕といった具合にほとんどが表舞台から姿を消して、まさに組織としても、人的まとまりも壊滅的な状況であった。将来再建されるべき軍隊のための母体を残すという構想についても、近衛師団を残すという案や宮中護衛のための部隊を創設するという案、さらに警察を拡大してそこに旧憲兵隊を参加させるといったさまざまな案が検討されたが、すべてGHQ（連合国軍最高司令官総司令部）によって拒否されてしまう。陸軍は将来再建されるべき軍隊のために人材や伝統をプールしておくことができなかったのである。

また、陸軍軍人全体としても、将官や佐官といった高級軍人のうち、ごく一部がＧＨＱの連絡役やマッカーサー将軍に関する歴史編纂業務、あるいは吉田《よしだ》茂《しげる》首相の顧問といった形で活動していたにすぎなかった。しかも、こうした軍人たちもそれぞれのグループに分かれて、将官と佐官のそれぞれのグループではほとんど連絡もないなど、かなりバラバラに活動していたのが旧陸軍軍人の特徴であった。その中では、ＧＨＱのＧ２（参謀二部）のウィロビー少将の支援を受けた服部《はっとり》卓《たく》四郎《しろう》元大佐を中心とするグループが、再軍備に積極的に関与する姿勢を見せている。たとえば、後でまた触れることになるが、警察予備隊創設に際して、その幹部としてこのグループが予備隊に入るべく活動するのである。

次に海軍を見てみよう。言うまでもないことだが、海軍は軍艦がなければ話にならない。その軍艦は、高度な科学技術の集積体であって、その軍艦をどう使うか、つまり操艦や艦隊の運用には高い技術と修練が要求される。したがって、将来海軍を再建するためには、技術や伝統の継承といったことが陸軍以上に必要であったのである。その点で言うと、大陸や太平洋方面からの復員業務で艦船を運用しただけでなく、日本本土周辺に大量に散布された機雷を掃海する作業に、旧海軍軍人の一部が艦船とともに参加し、それが海上保安庁に引き継がれていったことは幸運なことであった。掃海業務という小規模なものであっても、海軍軍人の一部がそこに残り、技術や伝統の継承の種になっていったのである。掃海業務を担当して、後に海上自衛隊に参加していった旧海軍軍人の中には、後に海上自衛隊の最高位である海上幕僚長《ばくりょうちょう》に就任する者も出るのである。

　また、陸軍ほどの大所帯ではなかった海軍の場合、敗戦後も人的なまとまりはきわめてよかった。敗戦時に海軍省軍務局長という要職にあった保科善四郎《ほしなぜんしろう》中将が、米国海軍にも知人や友人が多く、外務大臣や駐米大使も務めたことのある野村吉三郎《のむらきちさぶろう》大将を旗頭にたてて、旧海軍省の課長クラスである大佐・中佐などの人材を周りに集めて、海軍再建のための活動を活発に展開していくのである。この点についてもまた後に述べるが、以上のように海軍は陸軍に比べてまとまって活動しえたのが特徴であった。

図９　吉田茂

戦後復興と吉田路線

　戦後日本の再軍備問題において、初期の段階でもっとも大きな影響を及ぼしたのは、ＧＨＱによる非軍事化方針である。前述のように、敗戦による軍隊の武装解除が、そのまま戦争放棄や非武装につながるわけではない。いったん武装解除されても、平和条約を締結して占領が終了すれば当然自国の軍隊を持つことになるであろうと当初考えられていた。しかし、GHQが当初行なった理想主義的とも思えるほど徹底した民主化と非軍事化の中で、戦争放棄を謳う新憲法も制定される。この憲法で示された平和主義こそ、戦後日本が進むべき基本的進路であるとして、当時のマスコミやアカデミズムを中心に好感を持って迎えられたことも間違いない。現在は、戦争放棄と軍隊の不保持を定める現憲法の下でも、国家の当然の権利として自衛権は保有しているという解釈が有力であるが、憲法制定当時は自衛権の保持すら議論の対象となっていた。こうした憲法が制定されたことが、日本の再軍備にとって大きな「壁」となったことは間違いない。

一方で、戦後日本にとっての最重要課題は、戦争で大きな被害を受けた国土や経済の復興であり、また一刻も早く占領から脱して独立することであった。そして敗戦直後の政治的混乱の時期を経て、戦後復興と独立という課題に取り組んだ主役が吉田茂であった。吉田はマッカーサーの支持を背景に四八年一〇月に第二次内閣を組織して以後、五四年に第五次内閣が総辞職するまでの間、総理として政治の中心に座りつづけた。そして戦後復興・独立を目指す吉田の基本方針が「経済重視・再軍備否定」というものであった。警察予備隊が創設され、その後保安隊、さらに自衛隊も成立するようになると、「経済重視・軽武装」の方針となる。これが吉田路線と言われるものであった。すなわち、安全保障は日米安保体制に大幅に依存し、巨額の資金を必要とする防衛力増強は行わず、経済復興を最優先にするという方針である。吉田は戦後の日本は貿易などを中心に発展していくべきだと考えていた。

吉田は外交官の出身で、公職追放となった鳩山一郎《はとやまいちろう》のピンチヒッターとして自由党総裁となり首相となった。政党にもともと足場を持っていなかった吉田は、官僚出身の政治家を登用《とうよう》し、側近として育てていく。「吉田学校」とも言われ、戦後政界で大きな勢力を持つことになる「吉田学校」の生徒の代表は、池田勇人《いけだはやと》と佐藤栄作《さとうえいさく》である。六〇年代に相次いで首相となるこの二人は、日米関係重視という意味でも保守本流と言われ、保守合同で成立した自民党の中でも主要な勢力を獲得する。そして「経済重視・軽武装」という吉田が敷いた路線の忠実な後継者ともなっていく。なるべく軍事に金をかけることなく経済発展を第一に考えるという方針は、吉田によって基礎が作られ、池田・佐藤といった後継者が、戦後保守政治の基本方針に固めていったわけである。

たしかに戦争で荒廃した日本にとって、吉田の「経済重視・軽武装」という方針は正しい選択であったことは間違いない。後述するように、冷戦の進展で日本を民主化・非軍事化するという最初の方針を転換した米国は、執拗に「再軍備」・防衛力増強を迫ってくる。それに対して吉田は、戦後復興を遅らせることになるとして「再軍備」を拒否し続けるのである。ただし、講和・独立後もずっと再軍備しないでよいと吉田が考えていたわけではなかった。独立国として、将来は再軍備すべきであると吉田が考えていたことは間違いない。ただ、吉田が政権の座にあった時代はまだ早いと考えていたわけである。日本が経済成長をとげる時期になってくると、吉田は自らの後継者たちに再軍備の必要を説いている。しかし、戦争や軍隊を嫌う傾向が一般国民のなかでも強まったことを背景に、後継者たちは吉田路線を固く守り、経済発展を進めていくのである。

冷戦とその影響

さて、「経済重視・軽武装」という基本方針は正しいとして、それで講和・独立を達成した後の日本の安全保障が大丈夫かという大問題がある。そこで米国との関係が重要になってくる。米国は当初、日本に徹底した民主化と非軍事化を進める方針で臨んだ。占領に当たるGHQに参集した人々も、ニューディール政策の影響を受けた理想主義的な人物が多かったとも言われている。こうした方針の下で新憲法も策定されたわけだが、一方で国際社会全体の動向に目を向けると、四七年には早くも米ソ冷戦が顕著になって表れてくる。こうした国際情勢の変化が、米国の対日政策にも大きな変化を及ぼしていく。すなわち、民主化と非軍事化によって日本を再び東アジアで脅威となる存在にならないようにするという方針から、アジアにおける反共の防波堤として、その復興を積極的に支援していく方針に変化したのである。

こういう中で米本国では日本の再軍備が検討されることになった。それに対して、日本の占領統治にあたるGHQは再軍備の必要はないと考えていた。それは周辺の国々が日本の再軍備を恐れていること、非軍事化という最初の基本方針に反していること、日本人が再軍備を望んでおらず、再軍備しても大した軍隊はもてないであろうこと、といったことが理由であって、特に最高司令官であるマッカーサー元帥が強硬に反対していた。米国陸軍の長老であり、しかも太平洋戦争勝利の英雄の発言力は大きかった。日本の復興を支援するとともに反共の共同戦線に立つべき存在として日本の再軍備を考える米本国も、マッカーサーの意見を無視するわけにはいかなかったのである。

実際、日本との関係を強化するため、早期に講和・独立を実現しようと考える米国は、独立後の日本の防衛のために再軍備を日本政府に求めていく。一方で吉田首相は米国の再軍備要求を、マッカーサーを後ろ盾として拒み続けていく。GHQの再軍備拒否の姿勢はこの後も続いている。こういった姿勢が、のちに朝鮮戦争による警察予備隊創設といった事態になったとき、明確な軍事組織にするか、警察力強化程度にするかという基本方針について、GHQ自体が明確さを欠き、性格の曖昧な組織を作っていく原因になっていくのである。

ところで、再軍備には反対であっても、国内治安対策のための警察力強化ということについては日本政府もGHQも意見が一致していた。敗戦の混乱による治安悪化とGHQによる民主化政策の下、労働争議頻発による社会不安は増大していた。冷戦の激化や中国の内戦・共産党の勝利といった国際情勢を背景に、共産党などによる非合法な活動も行われていた。こうして日本の場合、冷戦が国内治安問題といった形で現れてきたわけである。冷戦の国内治安問題化ということはその後も続いており、日本の安全保障問題の特徴ともなっている。いずれにしろ当時は、占領改革で警察の元締めであった内務省は解体され、警察も国家地方警察と自治体警察に分けられるなどの改革の結果、かえって警察力の弱体化を招き、警察力の強化は重要課題となっていた。そしてこの問題をいっそう緊急かつ重要なものにしたのが朝鮮戦争の勃発《ぼっぱつ》であった。

警察予備隊創設

一九五〇年六月二五日に勃発した朝鮮戦争は、日本の再軍備問題に大きな影響を及ぼした。北朝鮮の攻勢に釜山《プサン》まで追い詰められた米・韓軍の支援のため、日本に駐留する米軍が投入されることになったのである。在日米軍の存在は、日本の防衛や治安問題のいわば後ろ盾になっており、それがなくなるということは日本が危機に直面した場合に対処してくれる力がなくなることを意味する。日本を軍事的に空白のまま残していては、日本までが直接侵略あるいは間接侵略（社会不安や混乱に乗じて革命などを起こすこと）といった危機に陥る可能性があると考えられた。

そこで七月八日、マッカーサー連合国軍最高司令官は吉田茂首相宛に書簡を出し、警察力と海上警備力の強化のために、七万五〇〇〇人の国家警察予備隊の創設および海上保安庁の人員八〇〇〇人の拡充を指示した。政府はこの指示を受けて国会の審議にかからないポツダム政令として八月一〇日に警察予備隊令を公布し、即日施行した。警察予備隊の発足である。これをもって再軍備の開始と言われているが、その点も含めて警察予備隊について重要な問題を見ておきたい。

まず第一は、警察予備隊の創設がＧＨＱの主導のもとで行われたということである。マッカーサーの指示を受けた日本政府は寝耳に水で、どんな組織を作ればよいのかわからないままGHQの指示に従ったというのが実情であった。GHQは警察予備隊創設にあたって顧問団を形成し、具体的内容にわたって指導していくことになる。

第二に、GHQの指導の下で実際に部隊創設を担当したのは、旧内務省警察系官僚であった。彼らは新しい組織を作るにあたって警察組織のあり方を前提として取り組んだ。警察予備隊令で明記された予備隊の任務は「治安維持のため特別の必要がある場合において、内閣総理大臣の命を受け、行動するものとする」となっており、その活動が「警察の任務の範囲に限られる」となっていたように、旧内務省警察系官僚が創設

図10　警察予備隊

を直接担当したことと、予備隊の法的な性格が軍隊ではなく警察に近い存在となったことが大きく関係している。また、予備隊の性格がこういったものになった背景は、組織作りを主導したGHQの方でも、将来の日本陸軍の基礎になる組織を作るということを念頭に置きながらも、憲法に反しない形で組織作りを行わざるを得なかったからであった。編成

や装備は米軍にならった軍事組織でありながら、法的な位置づけは警察というあいまいな性格の組織になってしまったのである。

警察予備隊は実働部隊である七万五〇〇〇人とそれを管理する一〇〇名の職員で構成されたが、旧内務省警察官僚は予備隊の主要幹部のポストに座って、その指導権を握っていく。部隊の最高指揮官である総監にも内務省出身の林敬三《はやしけいぞう》（後に初代統幕議長）が就任するなど、警察系官僚は七〇年代まで防衛庁で強い力をもっていくことになる。さらに、当初は旧軍の出身者はなるべく排除する方針であった。後には部隊運営の必要上から、少しずつ旧軍の出身者も加わってくるが、警察官僚たちは徹底して旧軍の影響力が予備隊に及ばないよう配慮していた。

この点では、予備隊創設に旧陸軍で戦争指導の中枢にいた服部卓四郎らが参加しようとしたことは、後にまで影響を及ぼした。ＧＨＱ内の意見対立から、予備隊の性格を明確な軍事組織にして、旧陸軍の軍人に指揮・育成させるべきと考えたＧ2（参謀二部）のウィロビー少将の画策で、服部らが予備隊の幹部として入隊するべく活動したのである。これは吉田首相が反対しマッカーサーに申し入れたことから実現しなかったが、予備隊幹部となった警察官僚にしてみれば、いつ旧軍勢力が入ってきて旧軍のような組織になるかわからないという強い不安を生んだのである。それが、旧軍のような組織にしないためにも、実働部隊側すなわち制服組の力は抑え込まねばならないという警察系官僚たちの強い意志になっていく。実際、服部グループはその後も反吉田の鳩山らに接近するなどさまざまな活動を行なっており、予備隊・保安隊・自衛隊の内局官僚の中心になっていく警察官僚たちからすると、旧軍勢力の復活は大きな不安材料であったのである。

そして警察官僚が制服組を抑えるための理論的支えになったのがシビリアン・コントロールの考え方であった。これは旧軍時代にはない概念であり、米国の説明に日本側は最初なかなか理解できなかったという。しかし内局官僚たちはこれを前提に、保安隊も自衛隊も作っていく。その際、彼らが参考にしたアメリカの研究者の一人がラズウェル（Harold Lasswell）であった。ラズウェルは「兵営国家」（garrison state）論の提唱者で、軍人は文民より戦争を好むものであり、自由な国家においても軍事化が進む危険を指摘していた。とくに一九三七年に日本はラズウェルが言うところの「兵営国家」にもっとも近い形をとったとされており、戦争と軍の専横を経験した内局官僚にすれば、非常に納得できる理論であったと考えられる。現在、ラズウェルは「軍の役割を誇大に評価する結果となった」と評されているが、ラズウェルの理論が、内局官僚が制服組を抑える際の理論的支柱の一つになったことの意味は大きいと言えるだろう。

保安隊から自衛隊へ

講和と安保

占領下の日本の目標は、独立の達成と復興であった。前述のように吉田《よしだ》茂《しげる》首相は、「経済重視・再軍備否定」という基本方針で米国と講和交渉を進めていた。それでは再軍備を拒んで軍隊を持たないまま独立した場合、どのようにして安全保障を実現していくのかという課題が残る。吉田は非武装・中立で国の安全が確保できると考えるような理想主義者ではない。軍隊なき安全保障の手段として吉田が考えたのが、米国による日本防衛、すなわち日米安保体制であった。

そもそも軍隊の不保持を規定する憲法の下でいかにして日本の安全を確保するのかという課題は、何も吉田だけが直面したわけではない。占領下にあって、憲法改正など不可能な状況にあるなかで、講和・独立後の日本の安全保障についてはさまざまな議論が展開された。その中の有力なものの一つに、片山内閣で外相を務めた芦田均《あしだひとし》（後に首相）の構想がある。それは、有事の場合、米軍が日本に展開し、日本防衛にあたるという考えで、いわば日米安保の原型である。芦田の案は、有事に米軍が駐留するという、後の言葉で言えば「有事駐留論」であったが、吉田が実際に締結した安保条約は「常時駐留」であった。日本防衛を基本的には米国に依存することで、日本は経済復興を進めるということになったのである。

結局、日本は講和・独立のサンフランシスコ講和条約と日米安全保障条約（日米安保条約）を同時に締結することで国際社会への復帰を果たすことになった。ここで重要なのが、日米安保の基本的性格が「基地と兵隊の交換」であるということである。つまり日本は防衛に必要な軍事力を持たない代わりに米国に守ってもらうわけだが、日本はその代わり米国に基地を提供する義務があるわけである。そうすると、本来なら講和・独立後帰って行くべき占領軍である米軍が、今度は安保条約に基づいた在日米軍として駐留を続けるということになったのである。

ようやく占領から解放されたと思っていた国民には、これは占領の継続としてとらえら

日米軍基地の推移

空	件　数	面　積	犯罪検挙件数	備　　考
人	件	m^2	件	
—	2,824	1,352,636	1,431	平和条約発効
—	1,282	1,341,301	4,152	内灘闘争深刻化
—	728	1,299,927	6,215	
—	658	1,296,364	6,952	
—	565	1,121,225	7,326	砂川事件
40,000	457	1,005,390	5,173	岸・アイゼンハワー会談 ジラード事件
37,000	368	660,528	3,329	
35,000	272	494,693	2,578	
27,000	241	335,204	2,005	安保条約改定
25,000	187	311,751	1,766	
26,000	164	305,152	1,993	
26,000	163	307,898	1,782	
26,000	159	305,864	1,658	東京オリンピック
21,000	148	306,824	1,376	ベトナム戦争本格化
18,100	142	304,632	1,350	
19,600	140	305,443	1,119	

ズレがあるので，各年ごとの概数として見ていただきたい．
「基地件数および面積」は「防衛年鑑 88 年版」「犯罪検挙件数」は「安保

表1　在

年	兵力合計	陸	海
	人	人	人
52	260,000	—	—
53	250,000	—	—
54	210,000	—	—
55	150,000	—	—
56	117,000	—	—
57	77,000	17,000	20,000
58	65,000	10,000	18,000
59	58,000	6,000	17,000
60	46,000	5,000	14,000
61	45,000	6,000	14,000
62	45,000	6,000	13,000
63	46,000	6,000	14,000
64	46,000	6,000	14,000
65	40,000	6,000	13,000
66	34,700	4,600	12,000
67	39,300	8,300	11,400

1. 統計によって基準にした月に
2. 「兵力数」は「安保関係資料集」,
条約体制史３巻」より作成.

れた。朝鮮戦争もまだ停戦しておらず、戦場から帰った米兵による犯罪も増加し、訓練地の確保などで基地による周辺住民への被害も生じていた。こういった事態が国民のナショナリズムを刺激したのである。五三年から激しくなる石川県の内灘《うちなだ》闘争、五五年から始まる砂川《すながわ》闘争、五七年一月に起きた相馬ヶ原事件（ジラード事件）など、反基地運動は各地で展開されていたし、ビキニ環礁での水爆実験・第五福竜丸《ふくりゅうまる》被爆（五四年）による反核実験運動もあわせて、五〇年代は反基地・反米運動が高まった時代であった。

講和・独立は、占領下で公職追放になったり戦犯容疑で逮捕されていた政治家の政界復帰ももたらした。そしてこのような状況を背景に、吉田茂に対抗する保守系政治勢力が、吉田の「向米一辺倒」を批判し、自主外交・自主防衛、憲法改正と再軍備を唱えたのである。代表的人物は鳩山一郎《はとやまいちろう》、石橋湛山《いしばしたんざん》、芦田均、重光葵《しげみつまもる》、岸信介《きしのぶすけ》といった人々で、鳩山、石橋、岸は吉田の後の政権を担うことになった政治家でもある。ただ、鳩山、石橋らと改進党という政党を結成した重光・芦田らは政策の重点に違いがあり、鳩山らは憲法改正を中心にすえていて再軍備問題についてはあまり明確な方針はもっていなかった。これに対して芦田は明確な軍事組織を持つべきだという考えで、このあとの自衛隊創設に当たって芦田は大きな役割を果たしていくことになるのである。いずれにしろ、自らの軍隊を保有することで、在日米軍に帰ってもらい基地を撤去するという考え方ではまとまっていたのが反吉田勢力であった。

予備隊から保安隊へ

さて、再軍備の主張はなにも国内だけではなかった。米国は前述のように講和交渉にあたって再三再軍備の必要性を述べており、むしろ当時の日米関係の状況を考えると、再軍備・防衛力増強の圧力は米国からのものが国内の意見より強力であった。こうした米国の意見を背景に吉田も五二年一月には、予備隊を一〇月で打ち切り防衛隊を創設することを国会で述べている。これが後の保安隊となるわけだが、問題は米国の日本の防衛力整備に関する基本的考え方と、日本政府の方針が大きくずれていたことである。

すなわち、吉田にとって再軍備拒否の後ろ盾になっていたマッカーサーは朝鮮戦争の最中に解任され、米本国だけでなく在日米軍も朝鮮戦争の激化や極東ソ連軍の脅威といった事態を前にして、警察予備隊の重装備化と部隊の拡大を考えるようになっていたのである。それは五二年段階で七万五〇〇〇の部隊を五三年度には最終的に一〇個師団で三〇万から三二万五〇〇〇の均衡の取れた部隊にするという計画であった。これは、当面はできるだけ軽武装で経済復興を中心にし、日本にふさわしい軍隊の整備は長期的に行うという吉田の考え方とは完全に対立していた。こうした日米の意見対立の中で、保安庁法が五二年七月三一日に公布され、翌八月一日に施行されるのである。

保安隊創設後もその拡大を求める米国の要求は続き、日本に必要な装備取得のための軍事援助を行うという「ＭＳＡ（相互安全保障法）」による援助問題も絡んで日米の交渉は難航する。そして五三年一〇月に吉田首相の特使として派遣された池田勇人《いけだはやと》は、ロバートソン国務次官補との会談で、陸上兵力を翌年度から三年で一八万人に増強することなどを盛り込んだ「防衛五ヵ年計画池田私案」を提示して交渉したが、結局明確な合意に至らないまま、防衛力漸増という日本の主張が入れられる形で日米共同声明が作られることになる。米国には日本の防衛力増強への姿勢に不満が残り、一方で日本には一八万人体制整備が米国との約束であるという認識が残っていくことになるのである。

実は池田が提案した「防衛五ヵ年計画池田私案」は、池田とその側近の大蔵省グループが作成したもので、保安庁はそれに関与していなかった。それだけでなく、池田・ロバートソン会談の具体的内容も直接知らされなかった。吉田政権における防衛力増強問題は、日本防衛での必要性といった視点ではなく、あくまで大蔵省を中心に財政上の問題という視点が前面に出たものであったわけである。

さて、五二年八月に創設された保安庁は、法的な実体は治安警備部隊で直接侵略への対処は想定されていない。その点で警察予備隊と同じであった。実働部隊は、警察予備隊を前身とする陸上部隊である保安隊と、海上保安庁に設置された海上警備隊を引き継ぐ警備隊という海上部隊からなっており、これがそれぞれ陸上自衛隊と海上自衛隊になっていく。しかし、陸海の部隊は創設の経緯が異なっていて組織編制にも違いがあった。簡単に言えば、前述のように警察予備隊以来の陸上部隊は、できるだけ旧軍の影響力を排する方向で創設されたのに対して、海上部隊は旧海軍の影響がきわめて大きかったことである。では海上部隊はどのように創設されたのだろうか。

海上保安庁とY委員会

戦後日本周辺の海上は密漁・密貿易・不法入国などの悪質な犯罪の舞台となった。帝国海軍が存在していた時代は考えられなかったが、海賊も横行する状況であった。そういった時期、朝鮮半島でコレラが発生し、日本国内にコレラが蔓延《まんえん》するのを水際で阻止する必要が生じた。こうして、海上保安体制強化のために海上保安庁が設置されるのである。その際、前述の掃海グループが海上保安庁に入ってきたのをはじめ、最後の海軍省軍務局長である山本善雄《やまもとよしお》元海軍少将と奥三二《おくさんじ》元海軍大佐の二人が長官付、渡辺安次《やすじ》元大佐が保安局管船課長に就任するといったように旧海軍軍人が大きく関与することになった。さらに、マッカーサー司令部も一万人以下の旧海軍軍人を採用してよいというメモランダムを発し、最終的には旧海軍の士官一〇〇〇人、下士官、兵約二〇〇〇人の計三〇〇〇人が採用されている。海上保安活動には高度の専門知識と技術が必要なために、GHQでも旧軍人の採用を許可せざるを得なかったのである。

こうして海上保安庁創設に関係した山本善雄元海軍少将や第二復員局長沢浩庶務課長（元軍務局第一課長）、吉田英三資料課長（元軍務局第二課長）らを中核としつつ、前述の野《の》村吉三郎《むらきちさぶろう》と保科善四郎《ほしなぜんしろう》を中心に、かつての将官クラスと佐官級が一緒になって海軍再建のために活動を行なっていくのである。それは五一年一月二四日、旧海軍関係者が秘密裏に結成した「新海軍再建研究会」に代表されている。彼らは、海上保安庁設置にともなう旧海軍軍人採用に関しても積極的に関与しており、やがて海上自衛隊の中軸となっていく人々に対して、大きな影響力を持っていく。これは陸軍がいろいろなグループにわかれてまとまらず、再軍備の中心になろうとした服部グループも将官クラスとほとんど連絡せず中堅幕僚層中心に動いていたことと対照的であった。

さて、旧海軍グループの再軍備案で顕著な特徴は、対米関係を非常に重視している点であった。前述のように海軍再建にあたって米国に知人も多い野村を中心にしたことが功を奏し、米極東海軍司令官ジョーイ中将、オフステー参謀長、さらにアーレイ・バーク参謀副長（後年、米海軍軍人の最高位である作戦部長に就任）らが野村の知己となり、野村や保科の活動の強力な後援者となった。その対米関係重視は、野村が対日講和交渉で訪れたダレスに対して「最も大切なる基礎は日米軍事同盟である」と述べたように、軍事同盟としての面を重視していた。のみならず、保科が新海軍再建研究会の計画を米国海軍の対日支援者の代表的人物であるアーレイ・バークに説明する際、再建する新海軍は「米国海軍に協力の客体となる」と述べているように、日米軍事同盟下で、米国海軍と協力できる海軍作りを構想していることを明らかにしているのである。こういった考え方が海上自衛隊創設の基礎にある点は重要である。

そして米海軍の海軍再建に対する好意的姿勢を明確に示すものが、海上保安庁に設置されたY委員会の問題である。米国は五一年一〇月、日本に六八隻の艦艇を貸与することを伝えていた。ただ、その貸与先がどの機関か、明確に定まっていなかったのである。現存の海上保安庁か、新たに創設される海軍になるのか、あるいは新しいコースト・ガード（沿岸警備隊）なのかという問題で、どこが貸与艦艇を管理・運用するのかを定めるための日米合同研究委員会が設置されることになり、それがY委員会と呼ばれたのである。これは、旧軍部では陸軍がA、海軍がB、民間がCと略称されており、アルファベットを逆に読んだ場合にBにあたるYが採用されたということであった。

海上保安庁のメンバーと前述の山本、吉田、長沢らの旧海軍関係者八名を加えて構成されたY委員会では、貸与艦艇を管理・運用する組織の位置づけについて激しい議論が展開された。海上保安庁側は海軍の復活につながるような、将来海上保安庁から独立することを想定した組織に反対し、貸与艦艇は海上保安庁で運用すべきだと主張した。これに対し、旧海軍グループは当初から「スモール・ネイビー」を作る考えであった。決着がつかない議論に結論を出したのが米極東海軍であった。米海軍は、旧海軍側の案を支持し、将来分離・独立する機構の創設を認めたのである。こうして五二年四月二六日、海上保安庁海上警備隊が創設され、三ヵ月後の八月一日、保安庁警備隊となって海上保安庁から分離した。旧海軍関係者と米海軍の協力によって海軍再建の道が開かれたわけであった。

三党合意で自衛隊創設へ

吉田政権は、大幅な防衛力増強という米国の要求は自衛力漸増ということで何とか拒んだものの、「対米一辺倒」批判を強める反吉田の政治勢力の前に、国内政治的には苦境に立っていた。とくに五三年三月の「バカヤロー解散」を受けて行われた四月の総選挙の結果、吉田率いる自由党は解散前の二二二議席から一九九議席へと大幅に議席を減らし、かろうじて第一党にはなったものの、過半数を割り込む事態となった。吉田は少数内閣を組織するが、政権の不安定さはどうしようもなく、第二党となった改進党との協力を模索せざるを得なくなるのである。

そこで問題になったのが再軍備であった。改進党には自主的な再軍備を積極的に主張する芦田均がおり、芦田を中心に再軍備実現のための研究を進めていた。すでに、五二年二月の立党のときに「国力に応じた民主的自衛軍の創設」を党議で決めており、五三年二月には、第四回党大会において「国家自衛に関する態度」という方針を決めていた。改進党はこの中の「党内に自衛構想調査研究に関する特別委員会を設置する」という方針に基づいて同年七月、党内に防衛特別委員会を設立し、その委員長には芦田均が就任している。以来、改進党は防衛特別委員会を中心に積極的に再軍備問題、保安庁法改訂問題に取り組んでいくのである。

そしてこの改進党との協力関係を作るために行われたのが、一九五三年九月二七日の吉田・重光という党首による会談であった。自由党と改進党の意見の隔たりは大きかったものの、最終的に「国力に応じて駐留軍の漸減に即応する自衛力増強の長期計画を樹立すること」ならびに「さしあたり保安庁を改正し保安隊を自衛隊に改めて直接侵略に対抗できるものにすること」ということについて一応の合意ができることになった。こうして自衛隊誕生にむけて動き出すことになったのである。

さて、吉田・重光会談後、保守三党（自由党・改進党・日本自由党）は保安庁法を改定し、自衛隊を設置するための折衝《せっしょう》に入った。この保守三党の中で、主導権を握ったのは改進党である。とくに重要な役割を担ったのが前述の芦田であった。改進党は、憲法改正をしなくても再軍備は可能であるという考え方をしており、それに基づいて芦田は直接侵略に対応できる、軍隊としての性格が明確な組織を作るべく奮闘するのである。これに対して、自由党側は再軍備へと方向転換したととられたくないため、なるべく軍隊としての性格を曖昧《あいまい》にし、保安隊の延長としての治安部隊的な組織を作るべく抵抗する。これに、制服組が台頭し、保安隊で成立している文官優位の体制（「文官統制」）を壊したくない内局官僚が加わって抵抗する。

とくにこのとき議論された問題は、①国防会議の位置付けおよびその構成、②自衛隊の任務問題、③保安庁（防衛庁）の省昇格問題、④防衛庁設置法と自衛隊法の二本立てにするのかといった問題、⑤統合幕僚会議設置問題、⑥内局幹部任用資格制限問題、といった事項であった。このうち①が防衛庁設置後に組織や構成について改めて審議されることになったほかは、だいたい改進党側の主張が取り入れられて合意された。

具体的には、②の任務には直接侵略への対応が明記され、直接侵略への対処と治安維持が自衛隊の主任務となった。これは諸外国の軍隊と同じである。③は当面見送られる。④は改進党の主張どおり、二本立てでいくことになった。⑤は内局の統幕設置時期尚早論をはねかえして統幕設置で合意を得た。そして⑥の内局幹部のポストには制服組が就けないという資格制限も内局の反対をおしのけて制限が撤廃された。自衛隊創設に当たっては、直接侵略を主任務とする、軍隊としての性格がはっきりした組織が作られる方向で合意ができたのである。

それでは、警察予備隊から保安隊へと続いた文官優位の体制は自衛隊ではどうなったのだろうか。内局幹部任用資格制限の撤廃で、内局優位の体制には変化があったのだろうか。結論から言うと、そうはならなかった。そもそも保安庁長官・防衛庁長官の下には、官房及び各局という文官で構成された内局と、制服組で構成された幕僚監部という二つの補佐機関が存在している。保安庁法第一〇条がその二つの補佐機関の関係を規定しており、この条項では官房及び各局の任務として、「保安隊及び警備隊に関する各般の方針及び基本的な実施計画の作成について長官の行う第一幕僚長又は第二幕僚長に対する指示について長官を補佐すること。長官は、保安隊及び警備隊の管理、運営について、基本的方針を定めて、これを第一幕僚長又は第二幕僚長に指示し、各幕僚長は、それに基いて、方針及び基本的な実施計画を作成するのであるが、長官官房及び各局はそのような長官の指示案を作成する」（傍線引用者）ということが定められていた。すなわち、保安庁法一〇条の「長官官房及び各局の任務」で内部部局が制服組に対し事実上の上位に立ち、同法一六条の任用資格制限によって制服組を内局から排除することで「文官優位」のシステムが構築されていたのである。

自衛隊・防衛庁設置に当たって内局幹部任用資格制限を撤廃しても、内局の幹部人事を行うのは内局であった。したがって、事実上制服組からの登用は行われなかった。しかも前述の保安庁法一〇条にあたる部分は、防衛庁設置法第二〇条に「官房長及び局長は、その所掌事務に関し、次の事項について長官を補佐するものとする」という条項として残った。結局、防衛庁・自衛隊の発足にあたっても「文官優位システム」は存続されることになったわけである。

自衛隊の誕生と成長

防衛庁と自衛隊

「文官統制システム」の成立

一九五四年七月、防衛庁と陸海空自衛隊は発足した。警察力の補完的存在にすぎなかった警察予備隊から始まって、ようやく外敵の直接侵略に対抗する軍事組織が成立したのである。この間、戦前の軍部支配のようなことが繰り返されないように、自衛隊の出動にあたっては厳重に法的統制の下におかれた。たとえば、直接侵略に対応する防衛出動の場合でも首相は事前あるいは事後に国会の承認を得なければならず、間接侵略に対応した治安出動の場合でも事後の国会承認が求められていた。それだけでなく、組織原理の上からも制服組が独断で行動できないように、警察予備隊創設時に導入されたシビリアン・コントロールが防衛庁成立時にも持ち込まれた。問題は、この場合の日本におけるシビリアン・コントロールとして成立したものが、欧米のものと異なり、文民ではなく文官（すなわち内局官僚）の権限が強い「文官統制」といわれるものになっていることである。この点を少しみておきたい。

成立時における防衛庁・自衛隊の組織は図のようになっている（図11）。保安庁時代の、内局幹部に制服組が任官できないという資格制限が防衛二法制定に当たっては撤廃されたことは「再軍備の開始」で述べたとおりである。しかし、実際に内局幹部に制服組すなわち自衛官が任用されることはなく、しかも防衛庁設置法に「官房長及び局長は、その所掌事務に関し、次の事項について長官を補佐するものとする」と定められ、広範な権限を得ることになった。実質的に内局は、本来制服組が大きな権限を有するはずの「部隊の運用問題」（すなわち軍令事項）についてまで関与することになる。このような文官の権限の強い機構は、各国の防衛機構に比べてかなり特殊な制度になっていることは間違いない。

こうした内局官僚の中心になっているのが、警察予備隊創設以来の旧内務省の警察関係者であった。彼らはかつて旧軍の「横暴」に苦しんだ経験を持ち、新しくできる組織は決して旧軍のようなものにしてはいけないという言わば使命感のようなものを持っていた。「再軍備の開始」で見たように、旧軍の「亡霊」とも思えた服部グループのしばしばの関

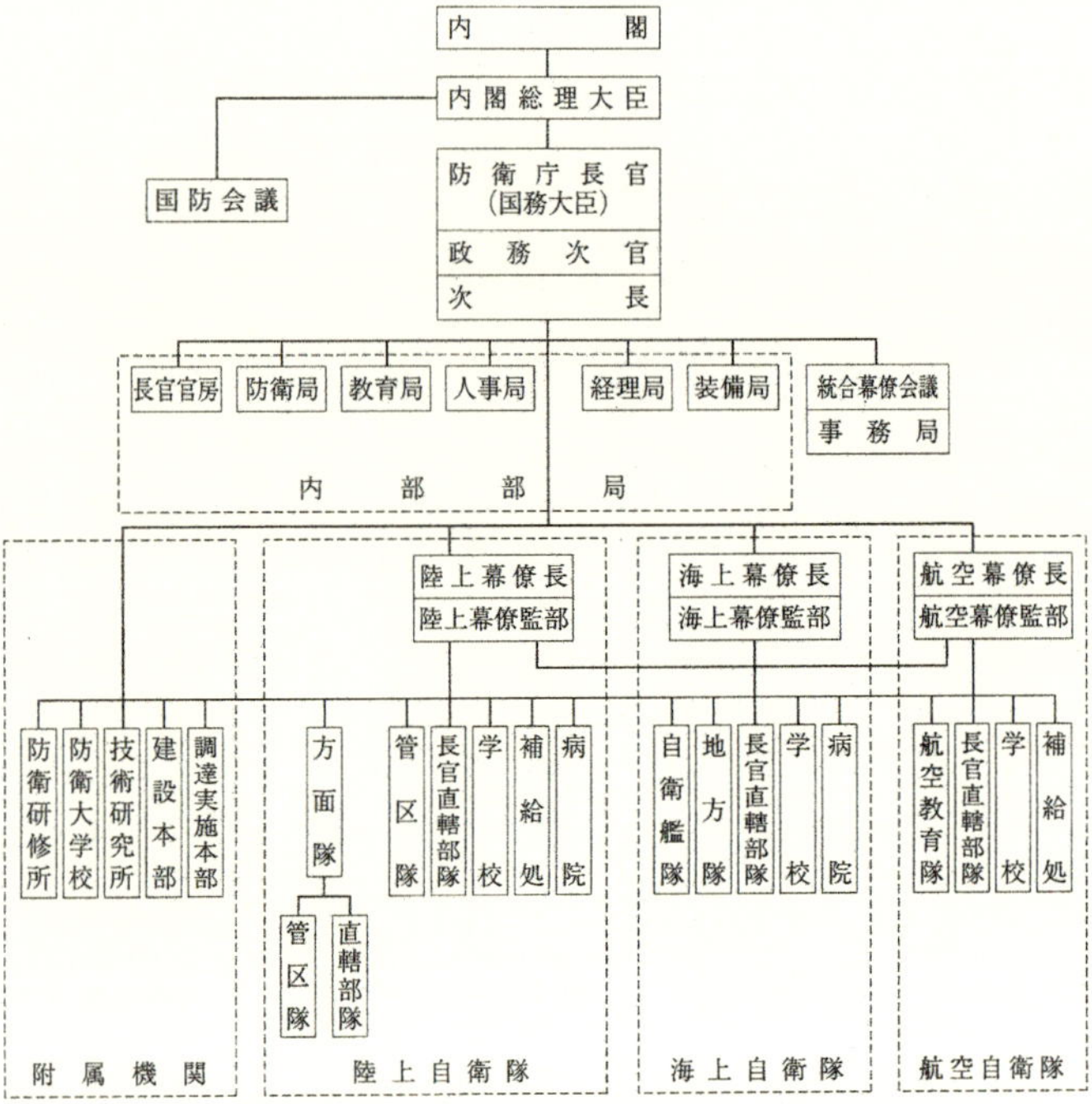

図11　防衛庁設置当初の組織（『自衛隊十年史』78頁）

与に見られるように、敗戦後一〇年ほど経過したといっても、まだ旧軍あるいは軍国主義復活の可能性がないとは言い切れないと考えられたのである。この内局官僚の中心的存在が、警察予備隊令策定に関与し、保安庁保安局保安課長に就任以来、防衛一課長、防衛局長、官房長と防衛庁の政策中枢を歩き、のちに「海原天皇」とまで言われる海原治《かいはらおさむ》である。海原は、自らの軍隊経験から、帝国軍隊がいかに非合理的で問題のある組織だったかを強烈に意識しており、軍隊や参謀将校への評価はきわめて低かった。こうした海原を中心とした内局官僚が、制服組の権限を低く抑えることに主眼を置いた「文官統制」を進めていくのである。

ところで、内局による統制が枝葉末節にまで及んでいるという批判は、すでに当時から存在していた。そのため、従来からの局課制にかわって、米国国防省の次官補制度にならった参事官制度の導入が検討された。すなわち、防衛庁長官を補佐するスタッフを政治任用で採用しようということである。詳しい経緯は紙幅の関係で省くが、結局これも内局幹部の反対にあい、官房長および局長が参事官になるというあいまいな形での制度導入に終わってしまった。長官の補佐は、参事官でもある内局の官房長・局長が行うことになったわけである。つまり内局官僚の防衛庁内での優位には何の変化もなかったということである。

長期計画をだれが作るか

さて、防衛政策という問題を考えるに当たって重要なのが長期計画の策定である。小銃や自動車などはともかく、自衛艦にしろ飛行機にしろ、高度な科学技術の集積体のような装備は、完成まで何年かかかるのが普通であるし、一つ一つの単価も高額になる。限られた予算を効果的に配分して装備を拡充し、部隊を強化するためにはどうしても何年かにまたがる長期計画が必要になるのである。そして長期計画をまとめるためには、その前提となる防衛基本方針が必要となる。つまり、日本をどのような敵からいかにして守るのか、その場合、陸海空の各自衛隊はどのような役割を果たし、そのためにはどのような装備が必要となるかということについての基本的な考え方である。

このような長期計画を策定する必要性は、すでに保安隊が設立された頃から唱えられていた。それは、前述したように米国によって要請されていた防衛力増強という課題にどう応えるかということと、朝鮮戦争を契機に芽を出した防衛産業からの期待もあってのことであった。そして保安庁設置後まもなく、五二年九月に成立したのが制度調査委員会であった。保安庁次長を委員長とし、第一幕僚長（陸）、第二幕僚長（海）を委員とし、内局の局長・課長、各幕僚監部の関係部長で構成されたこの委員会で、日本防衛に関するさまざまな問題が検討され、また五三年五月のダレス訪日にあわせて策定された同年三月の第一次案から、五五年四月の第一〇次案まで、その後の長期計画の基礎となる案をこの委員会が検討・作成していくのである。

しかし、制度調査委員会は、防衛庁が創設された初期までは活動していたが、結局最終的な長期計画をここで作成し、決定することはできなかった。それは、この委員会では長期計画をまとめるのに必要な調整能力が欠如していたからである。すなわち、長期計画の基本となる防衛構想でも、陸海空という戦力のうちどれを中心に戦力構成を考えていくのかが問題となる。そしてその前提として、日米安保体制にどの程度依存した計画を立てればよいかという問題が存在しているのである。日米安保体制に全面的に依存する、すなわち日本防衛の主役を米軍と考えるならば、自衛隊の役割はきわめて限られたものとなり、規模や戦力も小さなものですむことになる。一方で米国の日本防衛にも限界があるということになれば、自衛隊が果たすべき役割は大きくなり、したがって規模も戦略も相応に大きなものにしていく必要が生じるのである。当時の議論によれば、日本防衛ということであれば空と海の役割が大きくなるという考え方も有力なものであった。

以上のような問題を関係する部局と調整し、また財政問題も考慮した長期計画を策定していく作業は、制度調査委員会のような組織では不可能であり、結局防衛行政全般にわたって大きな権限を持つ防衛局防衛課がその任に当たることになったのである。

ところで、こうした長期計画を策定する場合、その任に当たる可能性があるところがもう一つあった。統合幕僚会議である。統幕議長は陸海空自衛隊の最高位であり、各幕僚監部を調整する任務を負っているはずであった。しかし実際は、創設時から統幕の権限は限定されたものであって、三自衛隊の意見を調整し、長期計画をまとめる力はなかった。この間の事情について、当時防衛一課長として長期計画の取りまとめに当たった海原は、一度文書で統幕に長期計画をとりまとめるように防衛庁長官名の文書で指示を出したが、できないという口頭の返事が林統幕議長から来たこと、内局しかできないから担当しているという証拠として文書で返答させるべきであったと回想している。いずれにしろ、防衛庁・自衛隊創設時点で、最も重要な長期計画策定という仕事は、内局（防衛局）の担当ということになったのであった。

「国防の基本方針」の成立

こうして長期計画策定は防衛局防衛課が担当することになった。そして決定されたのが岸内閣時代の「国防の基本方針」（五七年五月二〇日）と「第一次防衛力整備三ヵ年計画」（同年六月一四日）である。岸信介《きしのぶすけ》首相は、鳩山内閣時代の重光外相が米軍の全面撤退を目指して安保改定交渉を行なったために失敗したことを教訓に、安保重視の姿勢を明確にしつつ、自衛力整備の具体案を示すことで米地上軍の撤退を実現し、基地問題を大幅改善に導くとともに、安保改定の足がかりを得ようと考えていたとされている。そのために自らの訪米に間に合うように急遽《きゅうきょ》、「国防の基本方針」と「第一次防衛力整備三ヵ年計画」（一次防）をまとめさせたわけである。ではこの二つはどのような内容のものだったのか。まず「国防の基本方針」から見てみよう。

「国防の基本方針」は次のようにわずか四項の短い条項である。

（1）国際連合の活動を支持し、国際間の協調をはかり、世界平和の実現を期する。

（2）民生を安定し、愛国心を高揚し、国家の安全を保障するに必要な基盤を確立する。

（3）国力国情に応じ自衛のため必要な限度において、効率的な防衛力を漸進的に整備する。

（4）外部からの侵略に対しては、将来国際連合が有効にこれを阻止する機能を果し得るに至るまでは、米国との安全保障体制を基調としてこれに対処する。（傍線引用者）

重要なことは、（4）に表れた日米安保体制を基調とするという方針が、以後日本の防衛政策の基本となっていくことである。これによって日米安保中心の方針が明確化され、岸が目指す安保改定への布石となった。それだけでなく、以前に見られた自主性の強い防衛論を封印することにもなった。すなわち、軍事的に見た場合、日本の防衛で日米安保に完全に依存しきってしまうのは無理があり、日本自身が日本防衛に最も寄与すべき内容の防衛力を整備するよう努力すべきだという有力な考え方が、制服組を中心に存在していた。日本防衛のための独自の見地に基づくということになれば、当然長期計画策定においても軍事専門家である制服組の意見が重視されることになる。そうなると、長期計画策定の主導権を制服組が持つことも十分考えられる。しかし、日米安保を基調とすることによって日本の独自性という考え方を封印しておけば、制服組の意見が重視される可能性は小さくなるのである。「国防の基本方針」をまとめた海原は、「基本的に米軍のいる日本を攻める国はない」し、もしそんなことがあったとしても「それはもう〝アメさん〟にやってもらうよりしようがない。われわれにはそんな能力はない。当分持ち得ない」（『海原治オーラルヒストリー』）と考えていた。自衛隊へのきわめて低い評価を前提に、日米安保依存とも言える考え方をしていた。このような考え方に立った上で、日米安保基軸を強く打ち出して制服組の発言権増大の可能性を抑えたのである。

さて、「国防の基本方針」にはもう一つの重要な意味があった。それは（3）に見られるように、政治状況や特に財政への配慮を明確にした点である。防衛力整備計画を策定する際に財政問題が関係するのは当然だが、日本防衛の基本方針の中に、わざわざ財政への配慮を文章にして明記したことは、防衛政策立案の際に、財政の視点が常時大きな位置を占めてくることを意味する。そしてこの点は、「国防の基本方針」策定後まもなくまとめられた一次防にも次のようにくどいほど財政面への配慮が記されているのである。

1．「国防の基本方針」に従い、国力国情に応じた必要最小限度の自衛力を整備するため、さしあたり、昭和三三年度から昭和三五年度（一部昭和三七年度）までの三ヵ年につき、防衛力整備計画を策定する。

（中略）

5．この目標の達成に当っては、常に経済の安定を害しないように留意し、特に年

次別の増勢については、財政事情を勘案し、民生安定のための諸施策との均衡を考慮しつつ、弾力的にこれを決定する

一次防は、陸上自衛隊の一八万人体制整備を目標に掲げ、陸上自衛隊を中心に骨幹的防衛力の整備を掲げた長期計画であった。それは池田・ロバートソン会談以来の米国との約束を守ろうとする姿勢を示すとともに、陸上自衛隊の拡充によって米地上軍撤退を実施しやすくするという、言わば政治的配慮もあって策定されたものであった。

以上のような「国防の基本方針」と「一次防」で明確になった日米安保中心主義、財政面の重視は、ともに日本独自の防衛構想に基づく防衛論の封印に、大きな力があった。これによって、制服組の発言権が増大するのが抑えられ、防衛政策における「文官優位」の体制がより明確になったのである。ただ、それでは「文官優位」の体制がすぐに定着したのかというと、実はそうでもなかった。その点はまた後で触れることにしよう。

安保騒動と自衛隊

ここで安保改定と防衛政策、特に自衛隊との関係を見ておきたい。

岸が行なった安保改定は、旧安保が持っていた不平等性を可能な限り日米対等にするべく行われた。その点については安保改定は成功したと評価できる。ただし、日本の対米「従属」の象徴と見られた基地問題がこれで解決したわけではなかった。

安保改定やその前の警察官職務執行法改正などに見られた岸の強硬な政治手法、さらにかつて東条内閣の閣僚であり戦犯容疑者として拘留された経験などへの反発などから、安保騒動という、ナショナリズムの高揚を背景とした強い反発を生んでしまったことが、その後の防衛政策や自衛隊のあり方にも影響を及ぼすことになった。この問題を検討してみよう。

まず、政治と自衛隊の関係としてまずあげられるのが、自衛隊を使用することに関する問題である。安保改定後、アイゼンハワー大統領の訪日を予定していた岸首相は、安保反対運動の高揚を目にして同大統領訪日時の警備に不安を感じ、警察から警備に自信なしという回答を受けたことによって自衛隊の治安出動を防衛庁長官に要請したのである。自衛隊の出動については、岸首相をはじめ、佐藤栄作《さとうえいさく》蔵相、池田勇人《いけだはやと》通産相、さらに川島正次郎《かわしましょうじろう》自民党幹事長など、いわば政権の中心が出動に積極的であったといわれている。前述のように池田と佐藤は吉田茂の直系で保守本流といわれる政治家であり、岸の後に相次いで政権を担当し、吉田路線の定着に大きな力があった政治家である。それがこの安保騒動の時にはそろって自衛隊出動に積極的であった。

自衛隊創設に関する三党協議のときでも、吉田の自由党の考え方は、「直接侵略に対抗

図12　安保騒動（毎日新聞社提供）

する軍隊」という性格が明確になることをなるべく避けて、間接侵略対処中心の保安隊の延長のような存在になることを考えていたのは前述のとおりである。後でまた述べることになるが、安保騒動の盛り上がりは、国際共産主義運動の支援を得た間接侵略に近いものだという認識が当時の警備当局には存在しており、こういった場合の治安出動に自衛隊を使用するということに関しては、佐藤や池田のような吉田直系の旧自由党系政治家も否定していなかったと考えられるのである。

こういった政治家側の自衛隊出動要請に対して最後まで反対したのが防衛庁であった。当時の防衛庁長官であった赤《あか》城《ぎ》宗徳《むねのり》の回想によれば、防衛庁側は文官も制服組も一致して反対していたという。一方で、当時の防衛局長であった加藤陽三の回想では、赤城長官も最初は出動やむなしという意見であったという。だとすれば、政治家側は自衛隊出動に積極的であり、防衛庁の文官・制服がこれに反対したわけで、自衛隊出動に関して、政治家より防衛担当者の方が慎重であったということになる。

結局、自衛隊出動は行われず、アイゼンハワー来日は中止、岸内閣は新安保条約発効を待って総辞職ということになった。自衛隊出動問題は、防衛庁側の抵抗によって何とか出動を回避し得たという成功談で語られることになる。つまり、自衛隊が出動しなくてよかったという評価が定着していくのである。安保騒動のような場面でも出動させることができなかった自衛隊について、政治家は自衛隊使用についていっそう慎重に臨むことになる。一方で、政治家の安易な決断を防いだ防衛官僚は、防衛政策の中心は自分たちであるという自信をいっそう深めていくのである。

防衛構想の分裂

さて、安保騒動の影響は陸上自衛隊の防衛方針にも及んでいる。すでに安保騒動以前の段階から、五七年の岸・アイゼンハワー会談で米地上軍の撤退が決定されたことによって基地反対運動の矛先が、米軍から陸上自衛隊に移る傾向を見せていた。安保騒動のとき、陸上自衛隊の最高位である陸上幕僚長であった杉田一次《いちじ》によれば、当時の反安保運動に代表される反政府的活動や反基地運動、三池《みいけ》争議のような労働運動は、国際共産主義（ソ連や中国）の支援を受けたもので、当時はまさに「革命前夜」の様相を呈していると見られていたという。自らの基地や訓練場に対する反対運動に直面することによって、陸上自衛隊としても国内治安問題への関心が急速に高くなっていたのである。

しかも、安保改定の重要な項目として、旧安保にあった「内乱条項」が削除された。これは、「一又は二以上の外部の国による教唆《きょうさ》又は干渉によつて引き起された日本国における大規模の内乱及び騒じょうを鎮圧するため」米軍が使用されることを定めていたもので、いかにも植民地的であるとして批判されていたものである。しかし、これが廃棄されたということは、大規模な内乱や騒擾は日本の責任において鎮圧せねばならず、具体的にその任に当たるのは警察および自衛隊ということになる。内乱という状況になれば警察力では対応できず、したがって自衛隊の国内治安に対する責任は安保改定によってきわめて重くなったことになる。実際、安保騒動に見られるように国内治安は悪化していると考えられており、陸上自衛隊はその任務の中心を国内治安・間接侵略対処に定めていくのである。陸上自衛隊の、こうした間接侵略対処・国内治安重視方針は、七〇年の安保延長問題をにらんで、七〇年代に「限定された小規模な局地戦に対処する」という方針の下で北海道を中心とした北方への防衛力強化が行われるまで、六〇年代の陸上自衛隊の基本方針となる。後述の一三個師団改編問題も治安対処がその基礎にあり、警察との業務分担や自衛隊としての治安対策方針も定められていくのである。

しかしその一方で、安保騒動で自衛隊使用が見送られた後は、実際の治安対策に自衛隊の使用が考慮されたことはなく、警察が治安対処の中心となっていく。最新装備と警察力の集中的使用を前提とする機動隊という各国の警察にはないような組織を拡充し、六〇年代の学生運動をはじめとするさまざまな問題に対処していくのである。

ところで、陸上自衛隊が本土の治安対処を基本任務としていくのに対し、海上自衛隊はまったく違う方針のもとに活動していた。それが海上護衛問題であり、対潜水艦戦の重視であった。しかも海上自衛隊は、そもそもその成立に関して米海軍の強力な支援を得ていたことに示されるように、米海軍との協力を自らの作戦行動の前提としていた。つまり、米海軍の補完的存在としての海上自衛隊という位置づけである。それを象徴するのが、対《つ》馬《しま》・津軽・宗谷《そうや》という三海峡を封鎖してソ連潜水艦を太平洋方面に進出できないようにするという作戦構想であった。潜水艦を中心とした海上補給線破壊作戦によって物資供給が遮断されたという太平洋戦争の教訓と、米海軍との協力といった問題から、海上自衛隊は対潜作戦を自らの基本的任務と考えて部隊を育成していく。決して直接侵略事態における沿岸防御という方針が中心ではなかった。

以上のような陸上自衛隊と海上自衛隊の防衛方針の相違は、米軍との関係でも大きな違いを生んでいく。すなわち、陸上自衛隊のように、本土における間接侵略・治安対策を主眼にするのであれば、米軍との共同行動の可能性は極めて少なくなる。一方で海上自衛隊は、最初から米海軍との共同を基本方針としていた。したがって、海上自衛隊においては、米海軍との共同訓練も早くから、かなりの密度をもって実施しており、それゆえ米海軍と海上自衛隊は密接な関係を持っていくのである。

一方で、海上自衛隊のこうした考え方は、防衛政策策定の中心である内局、とくに海原らの受け入れるところではなかった。海原は、海上自衛隊が唱える海上護衛など不可能と断じており、海上自衛隊の任務は沿岸防御と近海護衛にとどまるものと考えていた。したがって、海原が内局の中心に座っている限り、海上自衛隊が期待する装備の充実には歯止めがかけられることになるのである。

防衛力整備と年次防

「赤城構想」の挫折

さて、日米安保中心主義、財政面の重視を明確にした「国防の基本方針」と「第一次防衛力整備三ヵ年計画」（一次防）の策定にあたって、岸信介《きしのぶすけ》首相自身はその内容には深く関与しなかった。さきほど述べたように、岸が「国防の基本方針」ならびに一次防を急いでまとめさせた主眼は、安保重視姿勢の明確化と自衛力増強の具体案提示によって米国の期待にこたえ、安保改定への足がかりを得るとともに、米地上軍撤退を実現して基地問題の大幅改善に導くことであった。そのため、訪米に間に合うように、急いでまとめさせたわけである。しかし岸が米国に日本の防衛努力増大を約束したことが、二つの新たな問題を生み出すことになった。それが防衛庁の省昇格に代表される機構改革問題であり、もう一つが、一次防後の新たな防衛力整備計画の問題である。この二つはともに、防衛政策に関する「文官優位」のあり方に大きな影響を及《およ》ぼす可能性を有していた。そしてちょうど「国防の基本方針」と一次防をとりまとめた海原治《かいはらおさむ》が、防衛庁から外務省に出向し、在米大使館に赴任して防衛庁を留守にしたとき、この二つの問題が大きくなるのである。

まず機構改革問題から見てみよう。これは防衛庁を省に昇格させるという問題と、防衛庁・自衛隊の内部的問題としては、統幕の強化という問題があった。結論から先に言うと、防衛庁の省昇格も統幕機構の強化もどちらも実現しなかった。省昇格は自民党国防部会を中心に主張されていたが、警職法問題や安保騒動などから法案提出が先送りされ、岸内閣のあとに経済重視でなるべく防衛問題に触れたくない池田内閣の出現で、昇格は見送られることになる。一方の統幕強化は、制服組の希望に沿った形の案が考えられたものの、安保問題などで紛糾する政治情勢を配慮し、法案化は最小限にして訓令で対処する方針にしたことが裏目に出てしまう。法案提出自体、安保騒動後の混乱を避ける思惑もあって遅くなったため、法案化に関わった人が関係部局から異動になってしまったのである。これで訓令化は実質的に不可能となり、法案もそれを補足する訓令が未制定のため実施不能となった。この段階での統幕強化は結局実現しなかったのである。

次が長期計画の問題である。一次防は五八年度に始まり六〇年度に終了する三ヵ年計画である。したがって六一年度からの長期計画が策定される必要があり、六一年度からの実施ということは六〇年度には計画が決まっていなければならなかった。そこでまとめられたのが、赤《あか》城《ぎ》宗徳《むねのり》長官の下で五九年七月に構想が発表された「赤城構想」と呼ばれる長期計画であった。これは防衛力整備の優先順位を空・海・陸とするなど、陸重視の一次防から大きく方針を転換したものであった。ただ、完成年度の六五年度の国民所得を一三兆一四〇億円とし、その二ないし二・五%の二九〇〇億円程度に防衛費の目標を置いているなど、大蔵省などから予算編成上難しいと異論が出されていた。さらに自民党内部からも、日米安保改定調印前に二次防を決定することに対して慎重論が出され、五九年中の決定ができなかった。そこで大蔵省の批判を受けて予算規模を縮小し、六〇年に入って決定が急がれたのであるが、結局正式決定されること

図13　赤城宗徳（毎日新聞社提供）

はなかった。その一番大きな原因は、身内の反対であった。すなわち、ワシントン勤務を終えて防衛局に戻った海原が、「赤城構想」は財政的実現性が乏しく、しかもヘリ空母のような不要な装備に重点を置いていて整備方針の内容にも問題がある、という反対運動を展開し、再検討に持ち込んだのである。

たしかに海原が言うように、所要経費の見積りの不備をはじめとして再検討を要する問題を抱えていたのは事実である。しかし、それが全面的な再検討を要するほどの問題であったかというと、そこには疑問が残る。海原が徹底して「赤城構想」に反対した理由は、実はこの構想が、制服組の意見をかなり取り入れて作成された点にあったと思われる。実はこの構想は冒頭で、「日本の防衛力は、自衛のための防衛力であるから、戦略守勢作戦の範囲内で考えるべきである。従って、戦略攻勢面は、米軍に依存する。しかし、米軍の支援が状況に応じて浮動する可能性を考慮し、また、わが作戦遂行上の自主性を保持するためには、相当大規模な武力侵攻に対しても、少なくとも初期の作戦を、独力で遂行できる能力を整えることが必要である。大規模な武力侵略以外の武力侵略、及び間接侵略に対しては、おおむね独力でこれに対処できるよう整備する」（傍線引用者）としていた。これは、かつて封じ込めたはずの日本の自主性をかなり高度に認めた考え方であった。これを認めれば、制服組の権限が拡大する道を開くのは明らかであった。海原はこの点に注目して強烈な反対を展開したものと考えられるのである。

結局「赤城構想」は全面的再検討に追い込まれた。そして防衛局長に就任した海原の下で二次防が策定されることになる。こうして、機構改革の面でも、長期計画の面でも、制服組の権限が拡大される道は再び塞がれてしまうのである。

二次防の審議状況

それでは二次防はどのようにして決定され、どんな内容だったのだろうか。まずどのように決定されたかという点について結論的に言うと、二次防は財政と対米関係の二つを特に重視して決定された。それを、二次防審議で重要な検討項目となった陸上自衛隊の一三個師団改編および一八万人体制整備問題と、海上自衛隊のヘリ空母建造問題で見てみよう。そこでまずそれぞれの内容を簡単に説明しておきたい。一三個師団改編問題は、当時第一線部隊が、管区隊（一万二七〇〇名）六、混成団（約六一〇〇名）四の計一〇単位約一〇万人の兵力で構成されていた陸上自衛隊の編成を、約九〇〇〇名を基準編制とする一三単位（師団）に改編するというものである。すなわち、米軍の編成にならって編成された部隊構成では、日本の地形やその後の戦術変化などに適応できないため、①小型化と機動性の向上、②独立性と融通性の強化、③指揮能力を有する幹部(曹)の確保、④最近における戦術の発達と軍事技術の進歩に伴う編制装備の質的改善などを基本方針とする改編を実施しようというもので、主眼は師団の小型化であった。こうした小型化によって、師団司令部の増加、部隊の軽快化によって地方行政機関との連繫の緊密化、部隊行動の敏速化、災害派遣の効率化が行われるほか、京浜、阪神等の治安力が強化されることが期待されていた(ただし、期待されていたことが実現できたかどうかは別の問題である)。杉田陸幕長の下、治安対策を陸上自衛隊の基本方針にすえることになったことは前述したが、師団改編は、そういった陸上自衛隊の基本方針に添ったものとして早期実現が期待されたのである。なお、この改編に伴う経費は、施設整備費等の約三億円程度と、比較的低く抑えられる見込みであった。

陸上自衛隊に関しては、一三個師団改編問題と並んで一八万人体制整備問題が重要課題と考えられていたわけだが、これは池田・ロバートソン会談以来の対米約束とみなされており、その点から重視されていた課題である。

では海上自衛隊のヘリ空母問題とは何か。前述のように、海上自衛隊は海上交通の保護を目標に掲げ、対潜作戦を主任務と考えていた。しかし、ミサイル潜水艦の登場など、潜水艦の発達は著しく、固定翼機と艦艇だけでは対応が難しくなってきたため、ヘリ空母の導入によって効果的に対潜水艦作戦を実施しようというものであった。問題は、相当の速力を有する約一万トンの艦艇と、大型ヘリコプター一七機（補用機を含む）の建造が必要となるということで、総額一九五億七五〇〇万円もの費用がかかることであった。海上自衛隊としても、こうした巨額の費用がかかるため日本単独では無理と判断し、米海軍に協力を依頼していた。その結果、日本は総額の六二・八％で一二二億五二〇〇万円、残りの三七・二％の費用を米国が負担するということになり、米海軍としても海上自衛隊のヘリ空母導入に大きな期待を寄せている姿勢を示していた。

では、それぞれの問題はどのように決着したのか。一三個師団改編は、比較的費用が少なく実施でき、また施設整備の必要性からも早期実現が求められ、結局、二次防と切り離して実現されることになった。問題はあとの二つ、一八万人体制整備とヘリ空母である。一八万人体制整備は池田・ロバートソン会談以来の対米約束であり、ヘリ空母導入は米海軍も協力姿勢を見せている日米協力の象徴的存在ともとらえられていた。結果は、一八万人体制整備は、目標として掲げつつも実際は一七万五〇〇〇人体制、ヘリ空母は費用が大きすぎることと必要性が少ないとの判断から見送られることとなった。注目されるのは、一八万人体制整備が米国との約束であるとする意見に対し、当初池田首相が「必要ない」

と拒否の姿勢を示していたことである。結局、対米関係上から目標として掲げておくことにはなったが、財政重視の池田の姿勢は強固なもので、それは他の閣僚にも影響していた。池田は吉田茂《よしだしげる》の直系の政治家として、吉田の軽武装・財政重視という路線を忠実に継承したのである。そしてそれを支えたのが防衛庁・大蔵省であった。

その点に関連して注目されるのが防衛庁の姿勢である。国防会議議員懇談会で迫水久常《さこみずひさつね》経済企画庁長官が、防衛庁側の予算に対する考え方の説明を聞いた後、「国民所得比を二%とか五%とかいうのは大蔵省が査定するときの態度で防衛庁より云うのはおかしい」と批判していた。つまり、本来防衛構想上の必要性から策定した整備計画要求を提示し大蔵省と議論すべき防衛庁が、財政の論理を基礎に整備計画を立案していたのである。実際、一次防の段階から防衛局防衛課に大蔵省からの出向者が来て、長期計画策定に参画していた。海原は、陸海空の三自衛隊から出てきたそれぞれの要求を大蔵省の予算査定のやり方にしたがって精査することで、制服組の要求を抑えていったわけである。二次防以後、防衛力整備計画の議論は、国民所得の何%かといった予算の総枠の中で、どれだけ計画を積み増していけるかという議論が定着する。たしかに制服組の要求は過大となりがちであり、そういった要求を実現可能性といった見地から抑えていくことは必要なことではあった。

そして実際に海原は、大蔵省の手法をもって「赤城構想」も再検討に追い込んでいた。すなわちこの大蔵省的手法が、制服組の主張を抑えるための有力な道具にもなったのである。しかしその結果、防衛庁は大蔵省と同じ論理で議論することになった。そのことが、今度は大蔵省の発言力を増大させることになったと同時に、防衛政策を基本的問題から検討していく姿勢を、一時期の防衛庁から奪っていくことにもなるのである。

二次防の内容とその意味

以上のような経緯で決定された二次防の内容と政治的意味を次に見ておこう。まず内容の問題からすると、いくつかの大きな特徴があった。

第一は、国防の基本方針を前提にすえて、日米安保中心主義を明確にしている点である。「赤城構想」にあった日米安保不完全論を前提とする自主防衛論は排除され、日本防衛は基本的に米国に依存することになった。すなわち日本防衛の主役は米国であることが確認されたのである。

特徴の第二は防衛力整備の考え方の問題である。今述べたように、日米安保中心主義を明確化し制服組の自主性を抑えこむことには成功したが、しかし防衛庁内局としても、自衛隊の存在意義自体を否定することは無論できない。制服組の自主性を抑えるということと、自衛隊の存在意義を明らかにすることの両者を満足させるためにはどうすればよいか。

それが日本の防衛目標として書かれた「日米安全保障体制の下に、在来兵器の使用による局地戦以下の侵略に対し有効に対処しうる防衛体制の基盤を確立する」という文言であった。すなわち、自衛隊の役割は極めて限定された条件を想定して、それに対処することのみになったということである。この方針の下、二次防は一次防で創設した戦力の内容充実と古くなった装備の更新を中心とした整備計画となった。

第三は、整備計画の重点の問題である。海上自衛隊や米海軍だけでなく自民党国防部会も強く求めたヘリコプター空母建造は却下され、一方で、二次防に組み込まない形で、陸上自衛隊の一三個師団改編問題は実現した。つまり、現実には陸に比重をおいて防衛力整備が行われたことを示している。防衛庁は、「赤城構想」以来の海空重視方針を実質上否定したわけである。

それでは、以上のような特徴を持つ二次防が決定されたことで、内局と制服組の関係にはどのような影響があったのだろうか。すなわち、日本的なシビリアン・コントロールである「文官優位体制」はどうなったのだろうか。その点を確認しておこう。前述したように、赤城構想を再検討に追いこんだことで制服組が防衛政策立案に主体的に関与することは排除された。さらに二次防で自民党国防部会の要求を排除したことで、防衛政策を立案するに当たって防衛庁内局の位置は強固なものになったと言ってよい。そして以後も制服組が主体的に関与することを排除するために、二次防で日米安保中心主義が再確認されたわけである。

しかしここで問題なのは、日本防衛をほぼ全面的に米国に依存することになったため、日本が主体的に防衛構想を策定する余地が極めて限定されたことである。日本防衛の米国依存は、自衛隊の存在意義を問うことになり、それを示すために「日米安全保障体制の下に、在来兵器の使用による局地戦以下の侵略に対し有効に対処しうる防衛体制の基盤を確立する」という文言を織り込んだと考えられることは前述した。実はそのことは防衛庁自体にとっても、その文言に見合った限られた仕事が中心となったことを意味していた。すなわち、日本防衛構想を立案するとか、米国との共同防衛を推進するといったことではなく、日本防衛自体は米国に依存しているわけであるから、「在来兵器の使用による局地戦以下の侵略に」対抗するための自衛隊という組織を、いかに管理していくかということが中心にならざるを得なくなるのである。防衛庁内局が「文官優位システム」を強固にしていった過程が、防衛庁を政策官庁ではなく、自衛隊という実力部隊をいかに管理運営するかという管理官庁化を促進したという皮肉な結果となったことになる。

そこで内局としては自衛隊という存在を国民の中にいかに定着させるかということに精力を注いでいく。たとえば、二次防には「国土、国民に密着した防衛力とするため、災害救護、公共事業への協力等民生協力面の施策及び騒音防止対策を重視するものとする」という一次防にはなかった項目が加えられている。災害救護活動などは自衛隊法にも規定された自衛隊の任務の一つであって、この項目が明記される以前から行われていたが、これが二次防という長期計画にわざわざ書きこまれたことは、これが自衛隊の任務でも特に重視されたことを意味する。災害救援に出動する自衛隊の姿や、折からのオリンピックでの協力や国民の関心が高い南極観測活動への支援協力など、防衛問題とは違う側面から国民が自衛隊を目にする機会が増えたことは、自衛隊を国民の間に定着させていくには効果的な方法であったと考えられる。

六〇年七月には、「防衛庁の広報活動に関する訓令」がすでに定められており、防衛庁の広報活動が活発化するのもこの頃である。「自衛隊はつねに国民とともに存在する。（略）自衛官は有事においてはもちろん平時においても、つねに国民の心を自己の心とし、一身の利害を越えて公につくすことに誇りをもたなければならない」といった、民主主義国家日本における自衛官のあるべき姿を説いた「自衛官の心がまえ」が発表されたのも六一年六月二八日で、まさに二次防が決定される頃であった。国民とともに歩む自衛隊という姿を明確にし、定着させていきたいという防衛庁の期待がよく表れている。このほか後に『科学の驚異』といったPR映画が封切られるなど（六七年）、防衛庁の広報活動は、自衛隊に対する管理と並んで重要な仕事になっている。このような活動によって、六〇年代に自衛隊は国民の間に定着していったのである。

自民党国防族と「自主防衛論」

ところで、日本で二次防が審議されていた六〇年一一月一六日、米国で日本の防衛問題にも関係する重要な決定が行われていた。ドル防衛策である。これに基づき、ハーター国務長官はリドル・バーガー国際協力局（ICA）長官に、日・独・仏・英などを含む一九ヵ国に関係する海外物資調達計画の変更を内容とする覚書を手交した。ICA資金による海外調達額は日本がもっとも多く、五九年七月から六〇年六月までの一年間で一億一五八〇万ドルに達していた。これが大幅に減額されることになったのである。一次防だけでなく二次防でも米国からの援助を期待していた日本にとってこれは大きな衝撃であった。一次防に比べれば減額されていくことは承知していたものの、これほどとは考えていなかったのである。

こうした状況に危機感を高めていたのが、朝鮮戦争を契機に育ち始めた防衛産業と、自民党国防関係議員であった。しかも米国内では、戦後復興という段階を抜けて高い経済成長を示している日本が、米ソの厳しい冷戦の中で防衛力整備について自助努力をしない姿勢について批判が出ていた。たとえばチャーチ上院議員は六三年四月の上院本会議で「もしわれわれが、日本政府を怒らせるという不安のために、日本の維持する名目的な防衛軍への補助を停止する手腕をふるうことさえもできないとすれば、神はアメリカ合衆国をあわれみたもうであろう！」と日本への軍事援助の停止を訴え、上院外交委員会でもそれが満場一致で賛成されていた。防衛産業や国防関係議員は二次防の審議に表れた池田内閣の防衛問題に関する消極的な取り組みに危機感をいっそう募らせ、批判を展開することになるのである。

さて、当時の自民党国防関係議員の中心は、旧海軍中将で海上自衛隊の創設にも深く関与した保科善四郎《ほしなぜんしろう》と、防衛庁長官を務めたこともある船田中《ふなだなか》が中心的存在であった。このほかにも、防衛庁長官経験者を中心にいわゆる「国防族」が構成されていたが、防衛問題への関与の深さや活動の積極性という点から見た場合、保科と船田がやはり中心であったと見て間違いないであろう。この二人に共通する特徴が、防衛政策の基本的方針が「海上防衛論重視」であり、しかも日米安保中心主義の立場をとっていたことである。したがって海上自衛隊と同様の立場であり、自主防衛力整備による基地問題解決を考えた五〇年代の自主防衛論者やその流れをひく中曽根康弘《なかそねやすひろ》らとは考え方に一線を画していた。したがって防衛力増強には積極的ではあっても、日米安保体制に影響するような基地撤退論であるとか安保改定論には強く反発していた。

また保科や船田らの特徴として、防衛産業との強い結びつきがあげられる。保科は旧海軍時代、軍備計画を担当する兵備局長を務め、その関係で後に経団連会長になる石川一郎と懇意になっている。保科の政界入りにも石川の協力があったということであり、経団連が防衛産業育成のために作った「防衛生産委員会」にもその創設時から関与していた。そして自民党衆議院議員となったのちは国防部会を中心に活動し、自民党と防衛産業、さらに防衛庁をはじめとした関係機関とのパイプ役として活動するのである。また船田は、経済界側から前述の防衛生産委員会の世話役として活動した植村甲午郎《こうごろう》と学生時代以来の友人であり、その関係から防衛生産問題に関心を示していた。

以上のように、防衛政策としての海上防衛論重視・日米安保中心主義と防衛産業との深い結びつきを特徴とする国防関係議員は、前述のように防衛問題に消極的な池田内閣を強く批判するとともに、米国からの援助がなくなることによる防衛産業への打撃を緩和するために、防衛装備の国産化を積極的に推進していく。そしてこの防衛装備国産化ということが、二次防から三次防の時期における自主防衛論の具体的内容として主張されるのである。つまり、五〇年代に主張されていた自主防衛論は、防衛力増強により基地問題の解消を目指していたものであったが、それは基地問題という日米安保体制の根幹に触れる主張であって、安保体制自体に影響を及ぼしかねない問題であった。安保中心主義をとる保科や船田といった国防族からすればそれは避けるべきであった。しかし依然として基地問題は存続し、対米従属という批判は野党などからも繰り返し行われていた。ふたたび安保騒動のような、ナショナリズムを刺激した反政府運動が起こらないようにするためには、対米従属という批判を回避しなければならない。それには日本の自主性を示す必要があり、自主防衛を積極的に説く必要があったのである。基地問題に触れない自主防衛論。それが「装備国産化」であった。

さて、こうして二次防から三次防の時期においては国会の中で、自主防衛＝装備国産化という説明で議論が行われた。ただしこのことがいくつかの問題を生じていく。その最大のものが政治と防衛装備採用問題の結びつきである。高度な電子装備や最新戦闘機をはじめ、防衛装備には高額なものが多く、その多くを米国から導入している日本においては、次期主力戦闘機（FX）導入問題などでは商社を巻き込んだ詳細不明の商戦が展開され、巨額の金銭が動いたと言われている。そしてこうした問題の背後で、国防族を中心とした政治家が活動していたと言われているのである。

すなわち自衛隊草創期から成長期にかけてのこの時期では、防衛問題に積極的に関係した政治家は、防衛政策の内容よりも、防衛装備問題の方により関与しがちであった。というより、防衛政策の具体的内容や実施は防衛庁に任せて、主として防衛装備問題に関心を向けていた傾向が強い。実際、ナイキとホークという対空ミサイルの生産に関して、自民党国防部会が一つは三菱、一つは東芝と決議し、そのことを国会で質問されて防衛庁経理局長が「そういう決議があったことは私も承知しています」と答弁している。こういった事態を前述の海原は、「そんなことを自民党の国防部会が決めるのはおかしいでしょうが。私は本にも書きましたけれども、そんなことを言えば、国鉄の車両の注文を自民党の運輸部会が決めるようなものだと。そんなばかな話があるかと言ったんですが、事実そういう動きがあったことは間違いない。そういうことも、いろいろと防衛関係の生産の問題を混乱させた一つの理由ですね」と証言している。巨額の費用がかかる防衛生産問題に政治家は関与しようとし、新設の役所がそういった問題で混乱するのを恐れた防衛庁内局は、その防波堤になろうとしたことも事実である。そしてある場合にはそれは成功し、またある場合には防衛官僚も巻き込まれていく。安保騒動を経て、後述のように防衛問題自体がタブーとなっていく中で、野党政治家は自衛隊の存在そのものを批判し、与党の中で防衛問題に関心がある数少ない政治家も、政策より防衛生産に目を向ける。そういう図式が六〇年代半ばには成立していくのである。

三次防の決定とその意味

さて、二次防が終了したあとの六七年度から七一年度までの五ヵ年計画として策定されたのが第三次防衛力整備計画（三次防）である。二次防を策定した池田内閣から、池田内閣の防衛問題への消極的姿勢を批判していた佐藤栄作の内閣へと代わっていたが、三次防の内容は実質的には二次防の延長という性格が強かった。佐藤自身、大幅な防衛費増額などは望んでおらず、二次防の基本方針を踏襲するという姿勢であった。実際その審議過程の特徴は、防衛政策の基本問題を審議するというより、二次防以上に予算枠をめぐる議論に終始していた。ただしこのことにはいくつかの背景がある。

第一に、安保騒動の混乱を経て誕生した池田内閣の低姿勢・経済重視政策の時代に、防衛問題に関する議論自体がタブー化されることになっていったことである。たとえば世論調査によると、講和・独立して間もない五八年の時点では、「とにかく戦争はいけない」という絶対平和主義が一五％、「平和のため・悪い国をやっつけるためにはやむをえない」という条件付戦争肯定が七五％であったのが、三次防が決定された六七年では「どんなことがあっても戦争すべきでない」という絶対平和主義が七七％、「国を守るためにはやむをえない」という条件付肯定が二二％と完全に逆転しており、戦争やそれを遂行する軍隊の存在自体を罪悪視する傾向が見られたのである（『図説戦後世論史』日本放送出版協会）。それを象徴するのが、六五年の「三矢《みつや》研究」事件であった。

「三矢研究」とは自衛隊内部で内局官僚も参加し、第二次朝鮮戦争が勃発したという想定の下、その日本への影響や対応を憲法停止という事態まで含めて研究したものであった。その内容を知った社会党議員が国会でこれを取り上げて追及し、佐藤首相も最初これをシビリアン・コントロールを逸脱しているといって批判したことが混乱に拍車をかけた。しばらくは国会もマスコミも「三矢研究」への批判一色となり、防衛庁はこの問題の対処に追われることになったのである。しかし本来、直接侵略への対処を重要任務とする自衛隊が、有事を想定した研究を行うことは当然のことである。逆に、有事にどのように対応すればよいか事前の研究もしていなければ職務怠慢であろう。しかし当時はその当然のことが批判されたのである。有事を想定した研究は、実際に有事にすることを計画しているという論理であった。さすがに最近ではこういった論理を主張するものは少なくなっているが、それでもまだ存在している。六〇年代はこの論理が大手を振ってまかり通っていた時代であった。こういった時代状況の中では、本格的な防衛論議が行いにくかったことは確かであろう。

しかし三次防審議が、防衛政策の基本問題にまで深まらなかった理由はそれだけではなかった。じつは、後述するようにベトナム戦争激化や七〇年の安保延長問題などを背景に、日米安保体制の問い直しの機運がおきており、佐藤首相をはじめ政府首脳の間では、三次防自体は二次防の踏襲という方針で進めるものの、自主的防衛政策のあり方と日米安保体制のあり方などに関して本格的に検討する必要性があるという認識が高まっていたのである。こうしたことを背景に、防衛政策への影響力を強めた大蔵省が防衛政策の本格的検討に入るべきであると主張し、三次防成立を最優先課題とする防衛庁が本格的議論化を避けるというびつな構図になっていたのである。

防衛庁とすれば、毎年の業務計画にも影響する三次防策定が最優先となるのは無理からぬことであり、自衛隊管理官庁化したとはいえ、三次防で防衛政策の基本問題を議論することで大蔵省が防衛政策への影響力をいっそう増していくのも面白いはずがなかった。しかも、安保騒動での自衛隊出動問題や「赤城構想」再検討化で防衛政策の中心が自分たちであるという自信を深めていた防衛庁内局は、首相官邸とも密接な連絡を欠いていた。結局、三次防決定という実務上の必要性もあって、防衛政策の基本問題を議論することでいたずらに時間を費やすのは避けたいという防衛庁の方針が通ることになる。

さて、それでは決定された三次防の内容であるが、二次防の延長という性格が強い一方で、二次防とは異なる内容も持っていた。それが海上防衛力重視ということと、装備国産化推進の方針であった。前者でいえば、六六年一一月二四日に国防会議および閣議で決定された三次防の大綱では、「一般方針」の中で「防衛力の向上は、特に周辺海域防衛能力および重要地域防空能力の強化ならびに各種の機動力の増強を重視する」とあるように、海上防衛力重視の方針が明確に織り込まれていた。実際、三次防全体で見た場合、総経費に占める陸海空三自衛隊の割合が、二次防での陸：四三・四％、海：二三・一％、空：三〇・八％であったのが、三次防では陸：四一・二％、海：二四・五％、空：二四・五％と、海上自衛隊のみ増加しており、経費増加率でも陸：一・七倍、海：一・九倍、空：一・四倍と、海上自衛隊に対する重視の姿勢は明確であった。

後者は、前述の国防族だけでなく佐藤首相自身もこの問題に強い関心を示しており、三次防の一般方針の中に、「技術研究開発を推進し、装備の近代化および国内技術水準の向上に寄与するとともに、装備の適切な国産を行ない、防衛基盤の培養に資するものとする」という文言として織り込まれることになった。これによって三次防以後、防衛装備の国産化は急速に進展するのである。

以上のように、二次防の延長として策定されたはずが、それと異なる内容を盛り込むことになった背景には、防衛庁内部の変化の影響が考えられる。すなわち、防衛庁創設期から幹部であった第一世代から、草創期には若手として活躍した世代の台頭である。それを象徴するのが、「海原天皇」とまで言われた海原治の国防会議転出であろう。防衛庁草創期を支えた、内局を代表する官僚であった海原は、自民党内の派閥対立の影響も受け、次官就任確実といわれながらも官房長を最後に防衛庁を去る。海原の失脚自体は政治による干渉であるが、しかしその頃には、制服組の台頭を抑えることに精力を注ぎ、文官優位体制を当然と考えた海原らの世代と異なり、軍事技術者としての制服組に対する公平な感覚と、自衛隊管理官庁という立場にあきたらず、防衛庁の政策官庁化を目指そうとする世代が育っていた。この世代は三次防までの長期計画が抱える問題性を認識し、自衛隊の意義・役割を再検討する必要性を認識していた。そして七〇年代はまさにそういった世代が中心となっていくことになるのである。

「中曽根構想」と自主防衛論

「自主防衛論」の高揚

三次防が策定・検討された六〇年代中期から後半にかけての時期は、日本でふたたび「自主」をめぐる議論が活性化した時期でもあった。自主防衛や自主外交という言葉が、この時期以降七〇年代に入っても、総合雑誌などの主要なテーマとなり続けたのである。こうした「自主」をめぐる議論が再高揚した背景にはベトナム戦争の激化、基地公害といわれる新たな基地問題の発生、七〇年の安保延長問題などがあった。

最初のベトナム戦争の問題は、六四年八月のトンキン湾事件をきっかけに、六五年から米軍が本格介入したことによって日本国内でもベトナム戦争反対運動や「巻き込まれ論」

などが、基地問題など他の問題も関係してさかんに議論されるようになったことである。世論調査ではベトナム戦争への関心は六〇年代を通して七〇％を超えており、日本が戦争に巻き込まれる可能性については、「ある」と答えたのが六三年一七％、六四年一八％であったのが、戦争が激化した六五年に一気に四三％に上昇し、六七年には五〇％に達していた。ただし、日米安保への支持自体は常時三割を超えていた。国民多数がすぐに安保反対に結びつくわけではなかったが、ベトナム戦争をめぐる日本の姿勢が問われていたのも確かである。

これが次の基地問題とも関連していた。六〇年代の基地問題は、騒音問題をはじめとして基地周辺住民に被害を及ぼす基地公害という形のものが多数であったが、日本本土の基地の多数が神奈川県など人口が多い地区に展開されており、そのため基地問題がクローズアップされやすい状態になっていた。これに加えて、六〇年代中期から本格化した原子力潜水艦寄港問題やこれによる放射能漏れ事故、原子力空母寄港問題や米軍機墜落事件など、米軍関連の事件がこの時期に多発し、それが安保反対運動などのきっかけともなったことも確かである。

最後の七〇年の安保延長問題は、七〇年に期限を迎える安保条約をどうするのかということで、期限をつけて（たとえばまた一〇年）固定延長にするか、条文にあるような自動延長方式にするか、あるいは野党などは安保改定や廃棄を唱えており、安保体制自体をどうするかという議論であった。

以上のようなことが関連しあって再び日本のナショナリズムを刺激し、「自主」をめぐる議論を活性化させていたわけである。三次防が審議・決定されていくまさにこの時期、自民党をはじめ社会党・公明党・民社党・共産党の各政党がこぞって自らの安保政策や日米安保体制への立場を明確にした政策を発表していったのはこうした背景によるのである。

当時の佐藤政権にとってさらに問題を複雑にしたのが沖縄返還問題と「グアム・ドクトリン」であった。沖縄返還を政権の最重要課題と位置づけていた佐藤栄作《さとうえいさく》首相にすれば、返還を実現するためには米国の同意を得なければならない。ベトナム戦争に沖縄の米軍基地が使用されている状況の中で返還を可能にするには、可能な限り米国の要求も受け入れて「同盟国」（当時は同盟という言葉は使用されなかったが）にふさわしい信頼関係を構築する必要があった。そして六九年に大統領に就任したニクソンによって出されたのが「グアム・ドクトリン」であった。これはアジアに対する米国の必要以上の介入をとりやめ、国力のある国に対して自らの国の防衛は自分で責任を持つべきことを説いたものである。沖縄返還について基本的な合意に達し、返還の予定を決めるべき時期に至った日本としても、今後自国の防衛には自らが主たる責任を持つことを迫られたのである。

こうして佐藤政権の下、「自らの国を守る気概」が必要であるという自主防衛の主張が積極的に行われるようになる。そしてこのときに唱えられた自主防衛論の内容が、「国の防衛は自主が主で日米安保はそれを補う従の存在である」という「日米安保補完論」であった。

中曽根と自主防衛論

さて、六九年頃からさかんに主張されるようになった「安保補完論」だが、日米安保で自主防衛を補完するといっても具体的内容は明確ではなかった。自衛隊は何ができて何ができないのか、日米安保が補完するという場合の米軍の協力とはどういったことなのか、具体的な検討が行われた上で「安保補完論」が主張されていたわけではないのである。前述のような「自主」論議の高揚の中で主として政府・与党の中から主張されていたにすぎない。こうした議論が展開されている時期に防衛庁長官に就任したのが中曽根康弘であった（七〇年一月就任）。

中曽根は、かつて再軍備を強く主張した芦田《あしだ》均《ひとし》の所属した改進党に籍をおき、早い時期から積極的に自主防衛論を主張していたことで知られていた。防衛庁長官も自ら望んで就任したと言われており、自主防衛論の高まりの中で中曽根がどのような防衛政策を展開していくのか注目を集めた。そして実際に、中曽根は積極的に自主防衛論を主張し、みずからの防衛政策を反映した「中曽根構想」というポスト三次防の長期計画を打ち出していくことになる。そこでまず、中曽根が当時主張していた自主防衛論の内容から見ておこう。

防衛庁長官就任後、中曽根は年来温めてきた構想を「自主防衛五原則」として発表した。その内容は、①憲法を守り国土防衛に徹する、②外交と防衛は一体であり、諸国策と調和を保つ、③文民統制を全うする、④非核三原則を維持する、⑤日米安全保障体制をもって補充する、ということであった。そのほか専守防衛論や非核中級国家という考え方など、全体としては勢力均衡論に立った、近年の言い方を使えば西欧並みの「普通の国」を目指したものとも言えるだろう。では中曽根が言う「自主」の特徴とは何か。

中曽根が唱える自主防衛論は六〇年代の自民党国防族を中心とした装備国産化＝自主防衛ということではなく、ナショナリズムの問題をきわめて重視していた点に大きな特徴があった。それを象徴しているのが基地問題への取り組みである。すでに五〇年代から中曽根は一部を残して米軍基地は撤退すべきだと主張しており、防衛庁長官に就任したあとでも、自衛隊増強による米軍基地の自衛隊移管という形で米軍基地の撤退を進めるよう主張していた。中曽根によれば、基地問題というナショナリズムと結びつきやすい問題を革新勢力側に握られており、それを保守側に取り返す必要があるために何としても基地問題の解決を図ろうとしたのである。

基地問題のほかにも中曽根が実現を期待したものに定期防衛閣僚会議があった。これは、当時安保条約四条に基づいて設けられていた安保問題に関する日米協議の場である「日米安全保障協議委員会」（SCC）が、日本側は外務大臣と防衛庁長官という閣僚であるのに、米側が駐日大使と太平洋軍司令官と非対称的な構成になっていたのを、より日米対等の協議の場を作ろうとしたのである。当時の構成自体、安保問題における日米の地位を象徴していると言えるが、中曽根がそれを対等な立場にしようとしたことは、対米従属批判がナショナリズムに結びつくことを認識していたからに他ならないであろう。

さて、以上のような中曽根の主張は、後で述べる長期計画の問題も関係して自民党内を含むさまざまな批判を生んだ。たとえば、自衛隊増強による米軍基地の自衛隊移管という主張は、実は基本的内容が「有事駐留論」であって、日米安保の根幹である基地問題に触れていて安保の変質を迫るものと自民党内で受け止められた。国防族など安保中心論者だけでなく吉田路線を継承する日米安保重視派からも中曽根の意見は批判を受ける。安保延長問題や自らの総裁選問題などもあって党内を混乱させたくない佐藤首相も積極的支持は行わなかった。中曽根は自主防衛を明確化するために、安保中心主義を謳《うた》った「国防の基本方針」の改定を図るが、結局これも実現できなかったのである。

「中曽根構想」の意味

それでは、中曽根長官時代に立案されたポスト三次防の長期計画はどのような内容であったのだろうか。中曽根はこれまでの長期計画の延長のようなものではなく、新しい発想の下に長期計画を立案したとして、これまでのような年次防の呼称ではなく「新防衛力整備計画」と名づけていた。中曽根によれば、計画全体は一〇年の期間で実現を考えたものであるという。ただし注意しておくべきことは、いかに中曽根が防衛問題に関心が深く積極的に発言をしてきた政治家であるといっても、長期計画の具体的内容にまで踏み込んだ指示ができるわけではないということである。実際、ポスト三次防の策定作業は、中曽根の前任者である有田喜一《きいち》長官の時代からすでに始まっており、基本的方針はその時期に固められている。中曽根は長官就任時に以前から考えていた自衛隊中心の防衛を実現するにはどのくらいの規模が必要か内局に検討させたところ、膨大な規模になってしまうことを知ったという。この「新防衛力整備計画」も、策定の中心になったのは防衛局の官僚たちであった。

では中曽根の影響はどういった点で認められるのだろうか。一つはこれまで以上に大々的にアピールするやり方であるが、内容的に見た場合はどうだろうか。この計画のもっとも重要な特徴は「常備兵力論」という考え方を採用している点であり、これ自体は内局官僚の立案になるものである。これは後の「基盤的防衛力構想」とも密接な関係があるので後で検討することにして、中曽根の関連で見た場合は、計画の他の特徴である①海空重視、②科学技術開発と関連した装備国産化の重視、③後方体制重視、④防衛力の限界、といった点に中曽根の色が出ていると言えようか。

①の海空重視は、中曽根の年来の主張である〝外交力の裏づけとなる軍事力〟として、これまでも中曽根が整備の必要性を主張してきたものである。②は自主防衛のためにも自前の装備を持つ必要があり、そのためには科学技術開発力の増大が必要であるというものである。

注目されるのは③で、これは長官就任にあたって中曽根が民間有識者を集めて組織した「防衛を診断する会」の答申の影響があることである。ここでの後方とは、従来から言われていた弾丸などの補給問題にとどまらず、自衛隊員の待遇問題など、深刻になっていた隊員募集問題を背景に自衛隊という組織の待遇や職場環境の改善を図ろうとしたものであった。そして、この計画の行方にも関わる問題が④であった。

四次防の策定が具体化するにつれ、自主防衛を積極的に主張する中曽根の姿勢とあいまって、その予算規模が問題になり始めた。二次防、三次防はそれぞれ予算規模が倍増しており、今回の計画でもその傾向が続くとすれば巨額の予算規模が予想された。そろそろ防衛力増大にも歯止めを設けなければならないのではないかという声が野党を中心に挙がり始めたのである。最終的には、原案の予算はベア分を除き五兆一九五〇億円、三次防の約二・二倍の規模となった。中曽根は前述のように長期防衛力整備計画を一〇年計画で考えており、今回策定したものはその前半部分にあたるもので、この期間に装備など最終目的の八割程度まで達成し、あとの五年でそれを充実するという考えを持っていた。その点から考えても、原案達成後の大幅な防衛費増大は予想しておらず、いわば原案の規模が防衛費の限界にあたるとされていたわけである。

しかし前述のように、基地問題をめぐる中曽根の考えが自民党内にも反発を招いていたことをはじめ、自主防衛の積極的主張と計画の巨大な費用という問題が結びつき、内外から日本の軍国主義が復活したのではないかという批判も招くことになったのである。新防衛力整備計画で盛り込まれた防衛力の限界に関する考え方では不十分であり、防衛力整備の最終目標あるいは防衛力の限界の設定をより明確にする必要が生じてきたのである。

「中曽根構想」の挫折と四次防

さて、前述のようにその内容から見た場合、新防衛力整備計画は、二次防、三次防的な装備品購入計画にとどまることなく、中曽根が言うように「わが国独自の戦略戦術に適応」させようと考えた計画であったと評価することができる。しかし、自民党内の中曽根の自主防衛論批判や内外の軍国主義批判だけでなく、この新防衛力整備計画も厳しい批判にさらされることになった。その代表的なものが、財政規模の問題から大蔵省、内容の点から国防会議による批判である。後者の国防会議は、当時海原が事務局長を務めており、新防衛力整備計画にある海上防衛力重視など基本的な考え方に批判的であった。こうして大蔵省や国防会議からの強い反対を受けて、新防衛力整備計画は修正を余儀なくされていくのである。

そして修正・規模縮小の流れを決定的なものにしたのが、中曽根が増田長官と交代した直後にあった二度にわたる「ニクソン・ショック」であった。七一年七月のニクソン訪中を伝えた最初のニクソン・ショックで、大蔵省と国防会議の審議でただでさえ遅れていた審議がいっそう遅れて翌年に持ち越されることが決定的となった。さらに影響が大きかったのが同年八月のドル防衛策発表で、これによって日本への防衛費負担増および米国産兵器購入問題が起きることが予想されるとともに、通貨問題の混乱による日本の財政への影響も懸念される事態となったのである。結局、一〇月に入ると西村直己長官が「四次防」（新防衛力整備計画は中曽根が防衛庁を離れた後は従来どおり、年次防を踏襲した四次防と呼ばれていた）の大幅手直しを決意し、防衛庁は直ちに原案の再検討に入ることになったのである。

実は西村長官は旧内務省の出身で、海原と親しい関係にあった。西村の下で四次防再検討が進められるということは、海原の考え方が計画見直しに大きく影響してくることを意味した。細かい経緯は省くが、じっさい、四次防が成立していく経緯では海原が主導権を握り、原案を大幅に修正し、縮小していく。七二年一月二八日に開催された四相会議（水田三喜男大蔵大臣、江崎真澄防衛庁長官、木村俊夫経企庁長官、竹下登官房長官）で、「第四次防衛力整備計画の大綱　海原私案」が関係各省に配布され、これを基に大綱がまとめられていくのである。海原私案の配布後、ほぼ連日にわたって国防会議参事官会議、議員懇談会などで審議され、二月七日国防会議で、翌八日閣議で「大綱」が決定された。四次防大綱の冒頭は次のようになっている。

1．国防の基本

わが国の国防は、『国防の基本方針』にのっとり、近隣諸国との友好協力関係を確立し、国際緊張の緩和を図る等の外交施策と、経済的、社会的発展を図るに必要な内政諸施策とを講じるとともに、日米安全保障体制を基軸として、侵略を抑止する防衛力を整備し、もって民主主義を基調とするわが国の独立と平和を守ることを基本方針とする。

結局、四次防再検討の主導権を海原が掌握したことで、中曽根があれだけ改定を希望した「国防の基本方針」にのっとったものとなり、中曽根構想にあった自主性追求の部分はほとんど姿を消して日米安保体制を基軸にしたものとなった。実質的に三次防の延長としての整備計画となったのである。大綱が決まった後は細目が問題となったが、それは計画の本質をめぐる議論ではなく、調達する装備品の種類や数といった問題であった。中曽根構想はこの時点で実質的に挫折し、自主か安保かといった日本の防衛政策の基本方針をめぐる議論はここで再度封印された。ニクソンの「グアム・ドクトリン」に後押しされた形で日本の自主防衛論がそれまで以上に高揚し、それを背景に中曽根構想は登場したわけだが、その中曽根構想が「ニクソン・ショック」を契機に再検討のやむ無きに至るという皮肉な結果となったのであった。

　さて、中曽根が追求したのは二つのこと、すなわち米国依存から脱して自主的防衛の幅を拡大することと対米対等性を獲得することであった。その二つとも、中曽根構想の挫折によって表面的には頓挫してしまった。それらはこのあとどうなっていったのであろうか。

「防衛計画の大綱」策定

防衛政策をめぐる二つの課題

六〇年代後半から高揚していた自主防衛問題は、日本における防衛力すなわち自衛隊の役割についても再検討を迫ることになった。つまり、「安保補完論」の立場に立つとしても、実際に自衛隊にどこまでできるのか、そのための戦力をどう構築するかといった問題について、日米安保との関係を含めて再検討する必要性が生じたわけである。そうした状況の中で中曽根康弘の新防衛力整備構想が打ち出された。しかしその結果は前述のとおりで、この計画自体、大幅な修正を余儀なくされただけでなく、軍国主義批判を招き、防衛力の限界の設定という新たな重要課題を生じてしまった。

図14　久保卓也（毎日新聞社提供）

しかも、自主防衛論が高揚した状況自体には大きな変化はなかった。逆に、七一年の二度の「ニクソン・ショック」を経て対米不信感は高まっており、日本の自主性を求める機運はさらに高まっていたのである。したがって、七〇年代は、日本における防衛力の役割の明確化と防衛力の限界の設定という二つの重要課題にどう応えるかが迫られた時期であった。

この二つの課題に応えるために、防衛政策を理論化しようと試みたのが、中曽根時代に防衛局長を務め、後に防衛事務次官に就任した久保卓也《くぼたくや》であった。久保も旧内務省警察官僚の出身で、海原治より少し若い世代になる。保安庁時代から防衛問題に関係し、防衛庁と警察を行き来している。久保自身も防衛問題に強い関心を持っており、一次防以来の長期計画には何らかの形ですべて関与し、防衛庁でも次代を担う人物として期待されていた官僚であった。海原ら第一世代が、旧軍人の関与や政治家の干渉をなるべく排除し、制服組を何とか抑えて「文官優位システム」を強固なものにしようと努力していたのに対し、久保は六〇年代から防衛庁の管理官庁化に飽き足らず、政策官庁化を目指したいという意向を示していた。七〇年代の二つの課題は、まさに防衛庁が政策官庁に脱皮していけるかを問われるものであった。久保は防衛局長として警察から防衛庁に戻り、中曽根の新防衛力整備構想の審議に苦労しつつ、この二つの課題に取り組んでいくのである。

さて、久保は「平和時の防衛力」という考え方をまとめていく。これがのちに「基盤的防衛力構想」へと発展していくと言われているが、その内容をよく見てみると、中曽根構想にあった考え方が基礎になっていた。それが「常備兵力」の考え方であるが、これは後で「基盤的防衛力構想」の説明をするときに詳しく述べることにしたい。いずれにしても久保は、自らの考えがまとまってくると防衛庁内関係者に「KB個人論文」という文書を配布してその反応を探り、また外部の雑誌などにも頻繁に登場して発言した。論文や著作なども発表しており、評論家になって著作も多数出した海原に並んで、いわば「発言する防衛官僚」であった。

ポスト四次防の策定

中曽根の「新防衛力整備構想」を大幅に修正・縮小し、三次防の延長として四次防が決定されたのは、基本方針である「大綱」が七二年二月七日、「主要項目」が同年一〇月九日であった。長期政権であった佐藤栄作内閣に替わって七月から田中角栄内閣になっていた。四次防の成立後まもなく「平和時の防衛力」に関する議論が本格化する。しかも、翌年の石油ショックの影響で高度成長を誇った日本経済も低成長時代に入ったと言われ、これが防衛予算の問題にも大きく響いてくる。四次防は、いわば不幸な長期計画で、その審議自体多くの混乱を招いて大幅な修正と規模縮小の結果ようやく成立したのに、さらに実行段階未達成、つまり計画だけで実現されない部分が多く出てしまったのである。とくに海上自衛隊においてそれが多かった。

こうした経済状態やデタント（緊張緩和）といわれる国際情勢の下、四次防審議での混乱を踏まえて、次の長期計画、いわゆるポスト四次防をどうするかということが防衛庁にとってきわめて重要な課題となっていた。つまり長期計画のあり方自体が再検討されることになったのである。前述のように、日本における防衛力の意義と平和時の防衛力の限界という問題についてては、久保卓也が防衛政策の理論化という形で取り組んでいた。一方で、ポスト四次防という具体的な長期計画の策定問題に取り組んでいたのが、夏目《なつめ》晴雄《はるお》、西廣《にしひろ》整輝《せいき》、宝珠山《ほうしゅやま》昇《のぼる》といった、久保よりもさらに若い世代で防衛庁生え抜きの官僚たちであった。そして成立するのが「防衛計画の大綱」である。

さて、こうして防衛庁が低成長・緊張緩和という状況の中でポスト四次防に取り組んでいるとき、三木武夫内閣の防衛庁長官に就任したのが坂田道太《さかたみちた》であった。坂田は文教族として知られていた党人派の政治家で、これまで防衛問題にはほとんど関係してこなかった。逆にそのためにこれまでの経緯に縛られることがなかったと言える。坂田は、平和時の防衛力の設定という問題と日米安保体制の強化の二つを重要課題にすえつつ、密室の中で防衛政策が形成されるのはよくないという考えから、中曽根長官のときに第一号が出た後は刊行されていなかった防衛白書の刊行や、民間有識者を集めた「防衛を考える会」の設置などを積極的に進めていくことになる。

とくに後者の「防衛を考える会」は、ポスト四次防の策定に対する基本方針を議論してもらおうという趣旨であったが、ここでは日本における防衛力の役割について幅広い議論が展開された。そのときの議論の基本的内容が、久保卓也が理論化を進めていたと言われる「基盤的防衛力構想」であった。じつは、「防衛を考える会」の主要メンバーである高坂正堯《こうさかまさたか》京都大学教授と久保の考え方は非常に近く、平和時における日本の防衛力のあり方として、「基盤的防衛力構想」は取り入れやすい考え方であったのである。「防衛を考える会」の「討議のまとめ」で書かれている内容は、実質的に基盤的防衛力構想の内容と重なっていた。

久保自身も次官に就任し、ポスト四次防の策定を積極的に進める。そして成立したのが「防衛計画の大綱」であった。それではこの大綱はどのような内容であったのか、また大綱の基本的土台となった「基盤的防衛力構想」とはどのような考え方なのか、この点を次に見てみよう。

「防衛計画の大綱」の策定

一九七六年一〇月に成立した「防衛計画の大綱」(第一次大綱)は、四次防までの長期計画のあり方を見直すとともに、日本における防衛力の意義を明確にしたもので、防衛庁・自衛隊創設後約二〇年で、ようやく日本が自らの防衛構想を本格的にまとめたものであった。この大綱を論じる場合、防衛力整備に関する基本方針となった「基盤的防衛力構想」のみがとりあげられることが多いが、しかしそれのみでなく、中期業務見積方式(中業)の採用や統幕強化案といった、これまでと異なる方法が採用されている点も含めて総合的にとらえられるべきであろう。

さて、まず「基盤的防衛力構想」の内容である。四次防までの長期計画では、敵とみなす相手の戦力に対応してこちらの戦力を考える「所要防衛力」の考え方を取っていた。これ自体は軍事力整備の基本的考え方であって別に特殊なものではない。ただ日本の場合、想定敵国がソ連であって、その極東方面の戦力だけでも膨大なものになった。ソ連の戦力に対応した防衛力を算定しても、必要なだけのものが整備できるわけではなかった。しかも、基本的な防衛構想の策定に参加することができず、陸海空がばらばらな防衛方針の下に自らの防衛力整備を考えている状況では、長期計画はいきおい予算の奪い合いとなる。また、限られた防衛予算の中で、各自衛隊が自らの防衛構想に従った装備を導入しようとするため、長期計画はどうしても最新鋭の装備を求める「買い物リスト」になりがちであった。

こうして最先端の装備が導入される一方で、必要な弾薬をはじめとした補給物品は不足するなど、いびつな防衛力整備が進められていたというのが当時の実情であった（図15参照）。しかも、各自衛隊にすれば、大蔵省をはじめとする厳しい査定によって必要な装備が十分にそろえられないという不満も鬱積していた。そこで採用されたのが「基盤的防衛力構想」であった。

米ソ戦の勃発といった世界戦争の場合を除いて、日本に対する大規模な直接侵略は可能性が低いという想定の下、「基盤的防衛力構想」では所要防衛力の考えと異なり、想定すべき脅威を「限定された小規模な部隊による局地戦」としていた。日本の平和時の防衛力はこの「限定された小規模な部隊による局地戦」に対応できるものであればよく、侵略に対する「拒否力」の範囲で防衛力を整備するという考え方である。この拒否力とは前述した高坂も述べていた考えだが、この拒否力を構成する防衛力こそ、以前「常備兵力」として中曽根の新防衛力整備構想の中で語られていたものであった。図15に見られるように、平時においては拒否力足りうる防衛力（すなわちこれが基盤的防衛力）の整備が目指されればよいとされ、それによってこれまで不十分であった後方など補給部門を含めた総合的な防衛力整備が可能となると考えられたわけである。

こうした総合的な防衛力整備を行うためには、陸海空の三自衛隊の総合調整が必要になる。その役目は統合幕僚会議が担うべきであるが、現状では権限が弱いので、この統幕強化も進められることになった。統幕は、後述する「ガイドライン」の成立も関連して、この時期から徐々に力を増していくことになる。

では、以上のような基盤的防衛力とは具体的にはどれほどのものなのか。それを示したのが大綱に付された別表の整備目標であった。そしてこの整備目標の実現を図るために導入されたのが中期業務見積もりという「ローリング方式」であった。これは従来の年次防が国防会議・内閣で承認をうけた政府計画で五年間の固定計画であったのに対して、中期業務見積もり（中業）は防衛庁内部の資料であり、三年ごとに計画の実施状況に合わせて

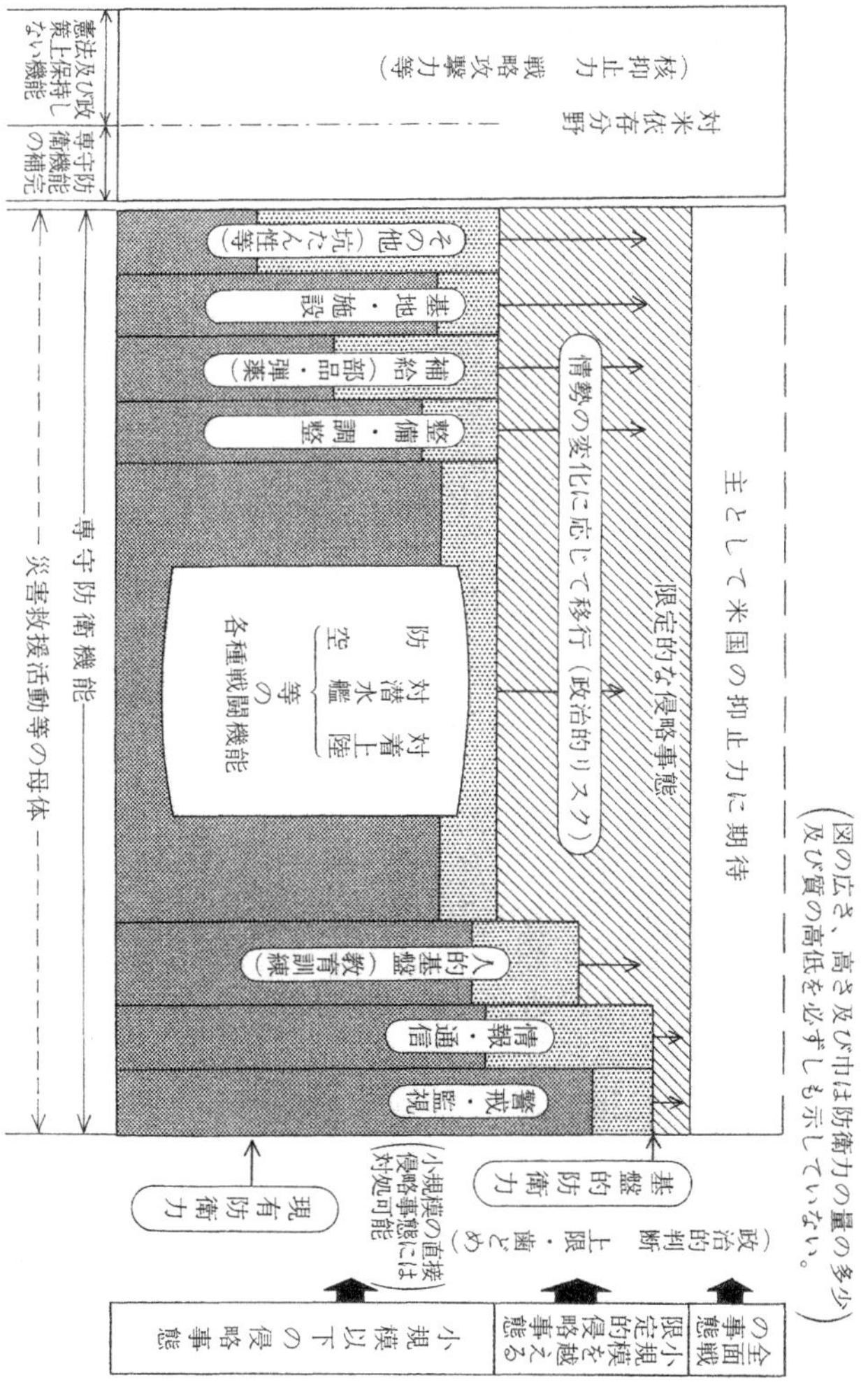

図15　基盤的防衛力構想

修正していくというものであった。これは従来、政府計画であるので計画立案段階で大蔵省の査定が入るだけでなく、最終の実施段階で再び大蔵省によって修正が要求されることが多かった。つまり財政の視点で二度にわたって防衛政策にしばりをかけていたわけだが、それを計画実施段階だけにして、より防衛政策の独自性を確保したいという考えからきていた。

こうして防衛計画の大綱の決定によって、最初から財政枠の中で長期計画を策定していた状況を脱して、より防衛政策の必要性を重視した計画を実施できる可能性が開かれたことになった。しかし、「防衛計画の大綱」およびその基礎となった「基盤的防衛力整備構想」は、成立直後から厳しい批判にさらされることになる。

「防衛計画の大綱」批判の内容

「基盤的防衛力整備構想」が厳しい批判を呼んだ最大の要因は、同構想のスポークスマンとして積極的に説明役を買って出た久保卓也が、同構想の基本的前提として「脱脅威」論を強調したことにあるように思える。たしかに大綱が前提とした国際情勢はデタント（緊張緩和）であり、日本に対する大規模な直接侵略の可能性はほとんどないと考えられていた。久保はこの点を「脱脅威」として強調したわけだが、しかし実際は、基盤的防衛力とはどの程度の防衛力かを算定する基準として「限定された小規模な部隊による局地戦」という脅威を想定していたのである。したがって決して「脱脅威」ではなかったが、これが大綱決定当時に顕著となっていたソ連の軍備増強問題及びデタントが崩壊したという議論とあいまって、大綱は決定された時点ですでに国際情勢にあわないという批判が行われたのである。

大綱に対する批判は各方面から行われたが、もっとも厳しい批判を展開したのが制服組であった。坂田長官の方針で、制服組にも自由に発言する機会をあたえたことが制服組の発言を活性化した。現役の発言は少なかったが、OBを中心に、「脱脅威」が国際情勢にあわないこと、「基盤的防衛力整備構想」では有事になった場合、急いで必要な規模に拡大するという「エキスパンド論」を唱えていたが、それも非現実的で実現不可能であるといった強い反対論が主張されたのである。

しかし、こうした批判はあったが、それですぐに「防衛計画の大綱」が見直されたわけではなかった。何より大綱は、それまでの長期計画のあり方を見直して新たな防衛力整備の可能性を開くものであり、日本における防衛力の意義と平和時の防衛力という一九七〇年代の防衛政策上の二大課題に応えようとしたものであった。しかも石油ショック後の国際経済の低迷や日本でも財政再建問題が重要になることで、防衛予算の増大は期待できな

教育局長	人事局長	装備局長	年
			54
			55
		4.17 小山雄二(通産・外来)	56
	8.2 山本幸雄		57
			58
4.1 小幡久男(逓信・定着)		10.9 塚本敏夫(通産・外来)	59
	7.13 小野裕		60
		7.7 久保忠雄(通産・外来)	61
		6.1 伊藤三郎(通産・外来)	62
8.2 堀田政孝(内務・定着)			63
11.17 島田豊(内務・定着)		10.6 国井真(通産・経験)	64
6.16宍戸基男(内務・定着)			65
6.1 中井亮一(内務・外来)	6.1 宍戸基男(内務・定着)		66
	7.28 麻生茂(内務・定着)	8.10 森田三喜男, 10.23 蒲谷友秀	67
人事教育局(6.15 に統合)			68
11.21 内海倫(内務・外来)			69
11.2 江藤淳雄(内務・外来)			70
		9.1 黒部穣(通産・外来)	71
6.2 高瀬忠雄(警察・定着)		11.24 山口衛一(通産・外来)	72
			73
8.19 今泉正隆(警察・経験)			74
		8.1 江口裕通(通産・外来)	75
1.13 竹岡勝美(警察・外来)			76
7.15 渡辺伊助(自治庁・定着)		7.15 間淵直三(通産・外来)	77
11.1 夏目晴雄(調達・定着)		11.16 倉部行雄(通産・外来)	78
			79
6.6 佐々淳行(警察・外来)		6.6 和田裕(通産・外来)	80
			81
7.9 上野隆史(防衛)		6.11 木下博生(通産・外来)	82
			83
教育訓練局長 7.1大高時男	人事局長 7.1 友藤一隆	6.19 山田勝久(通産・外来)	84
			85
6.1 依田智治(警察・外来)	6.1 松本宗和(調達・定着)	6.10 鎌田吉郎(通産・外来)	86
6.23 長谷川宏(防衛)		6.23 山本雅司(通産・外来)	87
	6.14 児玉良雄(防衛)		88

表2　内局主要人事表

官房長	防衛局長	経理局長
7.1 門叶宗雄(内務・外来)	9.11 林一夫	
		8.2 北島武夫(大蔵・外来)
	8.2 加藤陽三(内務・定着)	6.13 山下武利(大蔵・外来)
12.27 加藤陽三(内務・定着)	12.27 海原治(内務・定着)	6.24 木村秀弘(大蔵・外来)
		5.16 上田克郎(大蔵・外来)
8.2 三輪良雄(内務・定着)		
11.17 小幡久男(逓信・定着)		5.8 木村筆雄(大蔵・外来)
6.16 海原治(内務・定着)	6.16 島田豊(内務・定着)	
7.28 島田豊(内務・定着)	7.28 宍戸基男(内務・定着)	8.4 佐々木達夫(大蔵・外来)
		9.2 田代一正(大蔵・外来)
11.20 宍戸基男(内務・定着)	11.2 久保卓也(内務・経験)	
6.2 田代一正(大蔵・外来)		6.20 小田村四郎(大蔵・経験)
11.2 丸山昂(内務・経験)		
6.7 斉藤一郎(警察・外来)	6.7 丸山昂(内務・経験)	7.2 亘理彰(大蔵・外来)
7.15 玉木清司(人事院・定着)		
7.16 亘理彰(大蔵・外来)	7.16 伊藤圭一(人事院・定着)	7.16 原徹(大蔵・外来)
7.15 竹岡勝美(警察・外来)		
11.1 塩田章(自治・外来)	11.1 原徹(大蔵・外来)	11.1 渡辺伊助(自治庁・定着)
6.6 夏目晴雄(調達・定着)	6.6 塩田章(自治・外来)	6.6 吉野實(大蔵・経験)
		7.23 矢崎新二(大蔵・経験)
7.9 佐々淳行(警察・外来)	7.9 夏目晴雄(調達・定着)	
	6.29 矢崎新二(大蔵・経験)	6.29 宍倉宗夫(大蔵・外来)
7.1 西廣整輝(防衛)		
6.25 宍倉宗夫(大蔵・外来)	6.25 西廣整輝(防衛)	6.25 池田久克(防衛)
6.10 友藤一隆(防衛)		
6.23 依田智治(警察・外来)		6.23 日吉章(大蔵・経験)
	6.14 日吉章(大蔵・経験)	

1. 人名前の数字は就任日，カッコ内は（出身官庁・防衛庁経験）で，後者の定義は廣瀬に準拠している．
2. 「代理」や「事務取り扱い」は省略している．
3. 廣瀬『官僚と軍人』付録，防衛年鑑等より作成．
4. 名前横の出身・分類等がないものは現時点で確認できなかったものである．

年	事務次官
54	増原恵吉（内務・外来）
55	
56	
57	6.15 今井久（内務・外来）
58	
59	
60	12.27 門叶宗雄（内務・外来）
61	
62	
63	8.2 加藤陽三（内務・定着）
64	11.17 三輪良雄（内務・定着）
65	
66	
67	12.5 小幡久男（逓信・定着）
68	
69	
70	11.20 内海倫（内務・外来）
71	
72	5.23 島田豊（内務・定着）
73	
74	6.7 田代一正（大蔵・外来）
75	7.15 久保卓也（内務・経験）
76	7.16 丸山昂（内務・経験）
77	
78	11.1 亘理彰（大蔵・外来）
79	
80	6.6 原徹（大蔵・外来）
81	
82	7.9 吉野實（大蔵・経験）
83	6.29 夏目晴雄（調達・定着）
84	
85	6.25 矢崎新二（大蔵・経験）
86	
87	6.23 宍倉宗夫（大蔵・外来）
88	6.14 西廣整輝（防衛）

い状況になっていた。大綱決定とほぼ同時に防衛予算をGNP一%以内とする政府決定も行われており、平和時の防衛力を設定した大綱は防衛費を抑制する意味からも重視されたのである。また、当時の防衛庁は創設に当たった旧内務省警察官僚から、大蔵省など他の官庁出身者が枢要な地位に就くという内部変化の時期でもあった（表2参照）。久保の後は同じく警察出身の丸山昂《こう》次官が就任するが、その後は三代続けて大蔵省出身者が次官に就任する。中には、防衛政策の中心である防衛局長の経験がないものもおり、中堅幹部に防衛庁生え抜き組みが育ってきていた一方で、上層部は防衛政策の実情を知らないものが就任するという事態になる。こういった状況で防衛政策の本質的議論が深まっていくこと

はなかったのである。

第二次冷戦の中で

「ガイドライン」の成立

デタントから第二次冷戦へ

四次防が決定され、やがて「防衛計画の大綱」として決定されることになるポスト四次防の計画が審議された一九七〇年代前半から中ごろにかけての時期は、米中接近や米ソ間で戦略兵器制限条約（SALTI）が署名されるなど、米ソが厳しく対峙しあう状態から、より国際社会の平和と安定の方向に向けて進んでいくという、いわゆるデタント（緊張緩和）という時代でもあった。日本に関係が深いアジア情勢の面から見ても、文化大革命の混乱から中国はようやく安定を取り戻しつつあるかのように見えたし、何より米中接近で、日米安保反対の立場であった中国が日米安保容認の姿勢に転じたのは日本の安全保障環境にとってはプラスの事態であった。

また六〇年代半ばから激化していたベトナム戦争もようやく終結することになったし、朝鮮半島でも南北対話の呼びかけが行われるなど、日本の周囲も比較的安定する傾向を見せていた。こういった国際情勢を基本的前提として「防衛計画の大綱」は策定されたわけである。

しかし、大綱が決定された一九七〇年代中期以降になると、早くもデタントはほころびを見せ始めた。そのもっとも大きな要因は、中東の激動による国際情勢の不安定化とアジア方面にまで及ぶソ連の軍備拡張である。前者の中東問題は、七〇年代から始まったわけではない。しかし七三年の第四次中東戦争とそれを契機とする石油ショックで、世界経済は大混乱となった。OPEC（石油輸出国機構）に参集した中東のアラブ諸国は、石油という重要な戦略資源を握った国際政治の重要アクターとしてようやく七〇年代に顔を出したわけである。中東の動向が、世界経済に極めて大きな影響を及ぼすことが明確となり、また、イラン革命などこの後に生じた中東の社会変動は、国際情勢の大きな不安定要因となったのである。

後者のソ連の軍拡問題は、ベトナム戦争に深入りしすぎた米国が、ベトナム戦争の終了という事態を迎えてアジア方面での影響力を縮小しようとする一方で、主にアジアやイン

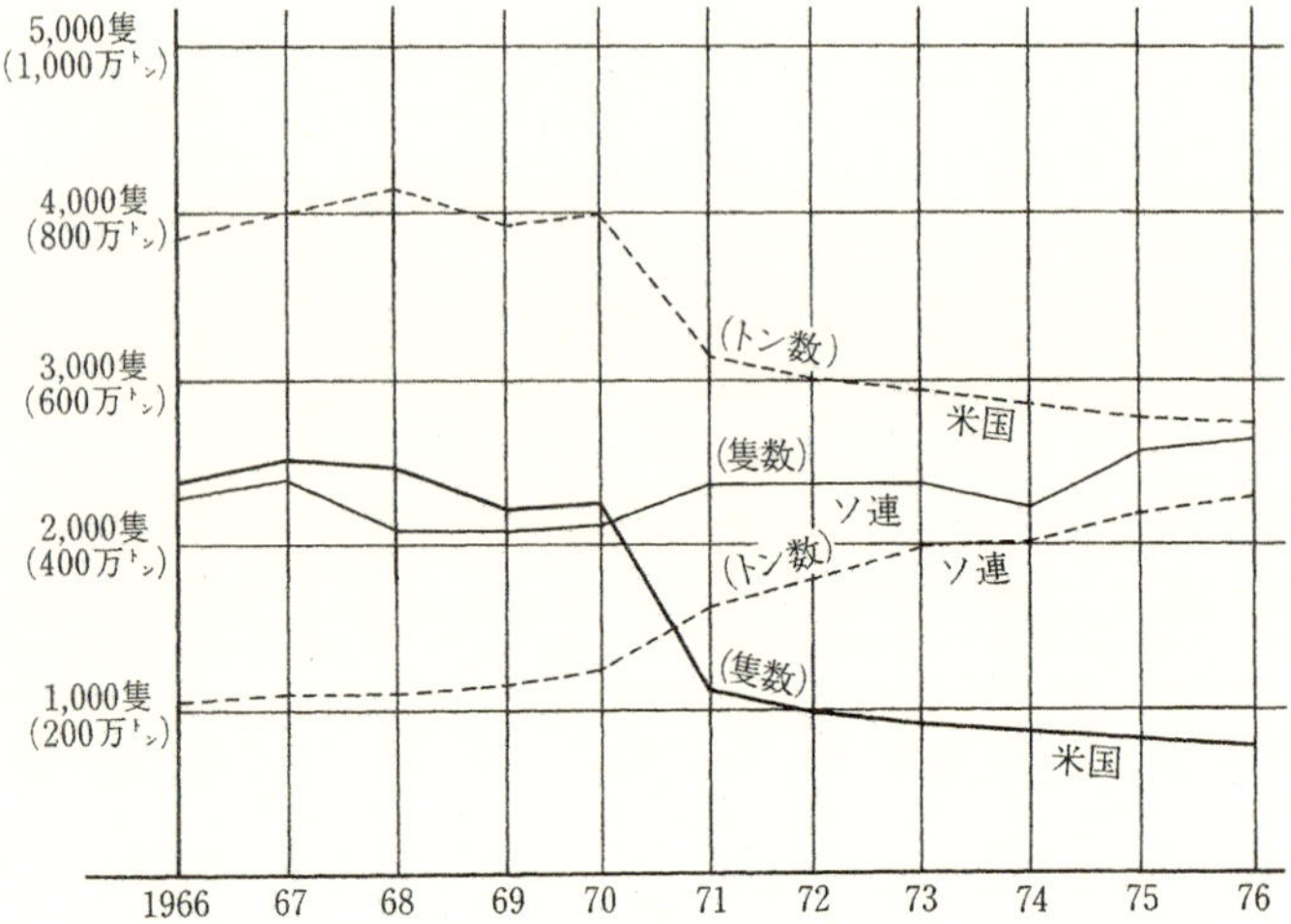

図16　米ソ海軍兵力量の推移（『防衛年鑑1980年度版』161頁）

ド洋方面でのプレゼンス（影響力）を拡大する動きとして表れてきた問題である。ソ連はベトナムに基地を確保し、積極的なアジア外交を展開したのをはじめ、インド洋方面でのソ連艦隊の活動を活発化させた。このインド洋方面での活動に見られるように、ソ連の関心が中東情勢にあることは明らかであり、実際イランやイラクとの関係もこのとき深めていた。また、このときのソ連の軍拡は、特に海軍において顕著だった。米国がベトナム戦争の影響で財政を悪化させ、軍事費を削減させて海軍も縮小した一方で、ソ連海軍の増強振りは著しかった（図16参照）。このときの海軍拡張は、それまで沿岸海軍と言われていたソ連海軍を、外洋海軍に成長させたものだった。その証が、七〇年に全世界規模で行われたオケアン演習という海軍軍事訓練と、さらにその規模を拡大した七五年のオケアン75演習だった。米国がベトナム戦争で疲れ、SALTIの締結などで油断している間にソ連は着々と軍拡しているとして、米国の安全保障問題担当者などから厳しい目が向けられるようになってきたのである。

ソ連の軍拡と自衛隊

ソ連の軍拡は極東方面にも及んでいた。それがソ連太平洋艦隊の増強と北方領土への部隊展開である。ソ連海軍が増強される場合、以前はバルト海や黒海などの大西洋方面の部隊が第一に考えられていた。しかし七〇年代にはいると、ソ連海軍二隻目の航空母艦ミンスクを太平洋艦隊に配置したのをはじめ、原子力潜水艦を大幅に増強していた。従来からソ連太平洋艦隊の潜水艦は、米海軍にとって脅威と考えられてきたが、その脅威がいっそう増大したのである。しかも米海軍はこの時期かなり縮小され戦力が低下しており、ソ連海軍の脅威はより警戒される状況であった。

さらに海軍だけでなく、七八年になると北方領土に陸上兵力を展開させるようにもなっていた。また、航続距離の長いバックファイアーといった爆撃機も配備されることになり、七〇年代後半になると、極東ソ連軍の脅威は深刻なものとして米国には見られるようになっていた。それが、後述するように米国の日本に対する防衛力増強要請となって表れてくるのである。

こういった事態に、自衛隊はどのような方針でいたのだろうか。陸上自衛隊は、七〇年の安保延長問題が無事に過ぎたことで、六〇年代の間接侵略対処・治安維持重視の方針から、限定的直接侵攻への対処を基本に戦略を組み立てていた。そして直接侵攻の可能性がある地域として北海道を想定し、北海道に展開する部隊の強化など行なっていた。これは大綱にある「限定小規模の武力攻撃」に対処するという考え方と基本的に一致するものであった。

一方で海上自衛隊はどうであったか。海上自衛隊は、いっそう米海軍との連携を深めていたと言ってよいであろう。三次防を経て七〇年代にはようやく米海軍にも評価される部隊に育っていた海上自衛隊は、米海軍との共同訓練をしばしば実施し、その高い士気と練度でさらに米海軍の評価を高めていた。海上自衛隊は前述のように、三海峡封鎖でソ連潜水艦を封じ込めることで太平洋の米海軍の対戦能力を補う作戦を持っていたように、米海軍との共同を基本にすえて育成されていた。戦力が低下していた米海軍にしても、海上自衛隊の対戦能力は貴重な戦力と考えられ、七〇年代中期には訓練マニュアルも改定されて日米海軍の緊密さはいっそう深まっていた。海上自衛隊としても、米海軍の「別働隊」として対戦能力の向上にいっそう努めていくのである。

以上のような海上自衛隊の方針は、陸上自衛隊の本土への直接侵略に備える方針とは基本的に異なっていた。実際に海上自衛隊は、本土に侵攻する部隊を乗せた船団を攻撃するといった能力はきわめて限定したものしか有していなかった。あくまで海上自衛隊の主目的は対潜作戦だった。それが象徴的に示されたのが、七四年一一月の第一〇雄洋丸というLPGタンカーの撃沈問題であろう。リベリア貨物船と衝突し、死者三三名をだして炎上を続ける同船を沈没処理させることになり、海上自衛隊が最終的にその処理を担当した事件である。結局、一一月二七日から攻撃を初めて撃沈したのが翌二八日の夕方まで時間がかかってしまった。いかに船内に多くの区画があって沈みにくい四万トン超のタンカーとはいえ、時間がかかりすぎだという批判が海上自衛隊に寄せられた。しかしこれは船舶攻撃用の大口径の砲をあまり持たず、魚雷も対潜用といった具合に、船舶攻撃ではなく潜水艦攻撃を主眼とした海上自衛隊にとってはやむを得ないことでもあったのである。

こうした陸上自衛隊と海上自衛隊の基本方針の相違は、実は本土防衛を中心に考えるかどうかの相違でもあった。陸上自衛隊はその性質上、本土防衛を主眼に考えるのは当然である。しかし海上自衛隊は、その創設以来の経緯から、米海軍との共同行動が基本的方針であった。その目は、海上交通保護（これも対潜作戦が中心となる）や三海峡封鎖に向けられていた。そして米海軍と密接な関係を持つ海上自衛隊にとっては、本土への直接侵攻よりも、朝鮮半島情勢や中東問題で危機が発生する可能性が高いと考えられていたのである。これはあくまで本土への脅威を想定して策定された防衛大綱の内容とも、実は齟齬をきたしていた。それが後の日米ガイドラインの策定によって大きな意味を持つことになる。そこで次にガイドライン策定について見ていくことにしよう。

日米軍事協力の具体化

「日米防衛協力の指針」（ガイドライン）に結実する日米防衛協力問題を熱心に進めたのが、久保次官の下で防衛局長を務め、久保の後に次官に就任した丸山昂《こう》であった。丸山も旧内務省出身の警察官僚で、六七年に一度防衛庁官房総務課長を務めたことがあるものの、防衛庁官房長に就任するまでほとんど防衛行政の中枢には参画していなかった。海原が保安庁以来の定着組みであり、久保が何度か防衛庁と警察の往復はあるものの、防衛力整備計画の全てに関与したのと対比すれば、防衛庁内局において外様的存在であった。丸山はこれまでの防衛力整備計画が抱えていた諸問題の集積のような防衛計画の大綱策定作業にはほとんど関係せず、専ら日米防衛協力の強化問題に取り組んだ。それは丸山が防衛庁に移ったとき、日本の防衛計画に関して日米間で詳細な協議が行われていないことに疑問を感じ、防衛局長に就任した時点でこの問題に取り組むことを決心したためと彼自身は回想している。

さて、丸山がここで実現しようとしたのは日米両国間で安保の具体的運用を協議する仕組みを作ることと、日米防衛担当大臣の定期協議の実現であった。前者については、すでに安全保障協議委員会（SCC）、安全保障高級事務レベル協議（SSC）、そして安保運用協議会（SCG）が設けられていた。しかしSCCは日本側出席者が外務大臣、防衛庁長官であるのに、米国は駐日大使、太平洋軍司令官であって構成上問題があり、しかも安保の基本的問題を扱う場であった。SSCは適宜次官クラスが会合して意見交換する場であり、より具体的問題を協議する場としては、七三年一月に大平外相とインガソル駐日大使の間で合意して創設されたSCGがあるが、これは外務省主導でやはり安全保障の問題全般にわたって日米間の意見交換をする場として機能していた。したがって、防衛計画の内容にわたる具体的協議の場はあらためて設置される必要があると丸山は考えたのである。

後者の考え方は、もともとは中曽根時代の安全保障協議委員会メンバー変更問題に起源があった。すなわち、同委員会のメンバーを両国とも大臣にして日米間の対等性を明確化しようというのが中曽根の考えであったが、結局これはそのままにされていた。中曽根防衛庁長官と当時のレアード国防長官の相互訪問は実現したものの、それ以上の具体化すなわち安全保障協議委員会メンバー変更はなかなか実現できないままになっていた。そこで両国大臣の定期協議という形で、実質的に両国を対等のパートナーとして位置づけようということになったのである。以上のような安保の具体的運用を協議する仕組み作りと日米防衛担当大臣の定期協議について、三木武夫《みきたけお》内閣成立後防衛局長となっていた丸山が坂田道太長官に日米協議の必要性を説いたところ賛同を得て、シュレジンジャー米国防長官の訪日と坂田・シュレジンジャー会談の実現、日米防衛協力小委員会の設置へと進んでいくことになる。

ここで問題なのは、丸山が疑問に思ったように、そもそもなぜ日米共同行動に関する具体的協議が進んでいなかったのかということである。それは、これまでの防衛政策においては米軍基地の存在自体が抑止力になるという考え方であり、日米が共同行動まで行うことについては重視していなかったからであった。たとえば五〇年代から六〇年代に防衛政策の中心的存在であった海原は、自らがそうであるように米軍も自衛隊の実力を評価していないと見ており、したがって共同行動などあり得ないという認識であった。久保も後述のように、基本的考え方は本土中心の自主防衛であって、共同行動の必要性に関してはほとんど認識していない。それどころか久保は丸山の進める日米協力推進に懐疑的であった。したがって、防衛庁内において、久保を中心に自主防衛論を基軸とした大綱策定の作業と、丸山を中心とした日米協力推進の作業が、両者の交渉がほとんどないまま並行して進められるという事態となっていたのである。

このような二つの路線が同時に進められた背景には、坂田長官の存在があった。前述のように文教族出身で防衛問題に関係が浅かった坂田は、逆に以前の経緯にとらわれずに自分が良いと判断したことを進めたのである。坂田長官が就任したときの重要課題は、平和時の防衛力の限界をどう設定するかということと、日本における防衛力の意義ということであった。これらの課題に応えるために、基盤的防衛力構想を採用して防衛大綱を制定した。そして坂田は同時に、日米安保体制をより強固なものにすることで、日本の防衛力が必要以上に大きなものになることなく、しっかりした体制が築けると考えていたのである。丸山が言うように、日米安保協力の実態が寂しいものであるのであれば、それは緊密にしなければならない。坂田はそう考え、丸山を支持したのである。

「日米防衛協力の指針」成立の意味

以上のように、坂田長官の支持を得て丸山は日米協力の具体化に努め、前述のように日米防衛首脳定期会議の実現や、日米防衛協力小委員会の設置にこぎつけた。そして最後にまとめたのが日米防衛協力の具体的内容について取り決めた「日米防衛協力の指針」（旧ガイドライン）であった（七八年一一月）。そこでガイドラインの内容の問題に移りたい。ガイドラインについては大きく二つの問題があった。第一は適用の範囲の問題。第二は、先に決定されていた防衛大綱との関係である。

まず第一の問題である。安保条約は五条で日本本土の防衛を、六条で極東の平和と安全という問題を取り上げていた。日米の制服組の間では純軍事的に見れば、当時喧伝された北海道直接侵攻よりも朝鮮半島情勢の混乱とその波及のほうが可能性ははるかに高いと考えられていた。「日韓運命共同体」と考えられ、その点から安保条約五条の日本防衛規定と六条の基地使用規定は「表裏一体」のもので切り離して考えられないとされていた。したがってガイドラインでも六条も含めた日米協力が推進されることが制服組では期待されていたのである。しかし、国内政治的配慮から、結局五条に関する日米協力が中心となり、いわゆる「周辺事態」に対応した六条に関する日米協力は、それから約二〇年を経た新ガイドラインまで待たねばならないことになった。

しかし、海上防衛問題での日米協力問題は重要な意味があった。実は日本防衛に関する日米協力に関しては、前述のように陸海空三自衛隊の間で考え方に相違があり、重視している事項が異なっていた。たとえば陸上自衛隊は本土防衛問題から離れるわけにはいかないし、ではその点で米軍との協力はどうあるべきかが問題となる。航空自衛隊もその点は同様で、あくまで防衛対象は本土であった。しかし海上自衛隊がそうではなかったのはこれまで述べたとおりである。その後の展開を見る場合に、創設以来、米海軍と共同して活動することを念頭においていた海上自衛隊にとって、ガイドラインで海上防衛に関する日米協力が次のように公式に取り決められたことの意味は大きかった。

（b）海上作戦

海上自衛隊及び米海軍は、周辺海域の防衛のための海上作戦及び海上交通の保護のための海上作戦を共同して実施する。

海上自衛隊は、日本の重要な港湾及び海峡の防備のための作戦並びに周辺海域における対潜作戦、船舶の保護のための作戦その他の作戦を主体となって実施する。

米海軍部隊は、海上自衛隊の行う作戦を支援し、及び機動打撃力を有する任務部隊

の使用を伴うような作戦を含め、侵攻兵力を撃退するための作戦を実施する。（傍線引用者）

陸上や航空の場合の日米協力が日本本土に限定されているのに対して、海上の場合はそれを越えた海上交通保護まで謳われている点に大きな特徴があった。これは防衛大綱で定めた範囲を越えていたのである。大綱での海上自衛隊の役割は次のように書かれていた。

2　海上自衛隊

（1）海上における侵略等の事態に対応し得るような機動的に運用する艦艇《かんてい》部隊として、常時少なくとも1個護衛隊群を即応の態勢で維持し得る1個護衛艦隊を有していること。

（2）沿岸海域の警戒及び防備を目的とする艦艇部隊として、所定の海域ごとに、常時少なくとも1個隊を可動の態勢で維持し得る対潜水上艦艇部隊を有していること。

（3）必要とする場合に、重要港湾、主要海峡等の警戒、防備及び掃海を実施し得るよう、潜水艦部隊、回転翼対潜機部隊及び掃海部隊を有していること。

（4）周辺海域の監視哨戒《しょうかい》及び海上護衛等の任務に当たり得る固定翼対潜機部隊を有していること。

ガイドラインの傍線部分のようなことは想定されていなかったわけである。ここで第二の大綱との関係が問題になる。これまでも述べてきたように、防衛計画の大綱における自衛隊の役割は、あくまで本土防衛であってそれを越えたものではなかった。基盤的防衛力構想の形成に重要な役割を果たしたと言われている久保は、日米安保体制を抑止力と位置づけた上で、それが機能している限り「今日の国際情勢ではわが国に対する大規模な侵略は考え難く、反面、奇襲的な小規模侵略は否定し難いから、この程度のものは、おおむねわが国独自の力で対処し得るよう有事即応性を持たせようとするもの」として基盤的防衛力構想をとらえていた。したがって久保からみると「この構想（基盤的防衛力構想：引用者注）は、日米安保体制に支えられているとはいい条、むしろわが防衛力の自主性を高めるものとして発想されている」ものであった。

言い換えれば、日米協力が進みすぎると日本の自主性に影響が出てくる事態となる。久保は、「基本的な期待からして日本は日本周辺の防衛で十分、長大な海上交通路及び印度洋防衛の期待は、米側の意見のなかには色々出るであろうが、対日政策としては現れまい」と考えてはいたが、米国の期待と日本の本土防衛重視の考えには差があり、「通じてみて日本の防衛の姿と自主防衛の実態を米に理解させることが必要」という心配もしていた。そして久保の期待に反し、本土防衛中心の日本の考え方と、海空中心に防衛力整備を求める米国の要求が対立する状況がすぐにやってきたのである。

総合安全保障論とは何か

米国の防衛力増強要請

それでは大綱と内容的に整合しない部分を持つガイドラインはどうして成立できたのだろうか。当初、坂田長官の支持があったことは前述したが、成立したのは福田内閣に代わっていた七八年である。その点を考えると、当時の日米関係の状況が後押しした観が強い。一九七六年一〇月二九日の国防会議で「防衛計画の大綱」を決定した後、三木首相は一二月一七日に退陣を表明し、同月二四日福田赳夫《たけお》内閣が成立した（防衛庁長官は三原朝雄）。ちょうど米政権もフォードからカーターへの交替時期にあたっていたが、福田が直面したのは、従来よりもいっそう厳しい日米経済摩擦と防衛力増強要請であった。

経済摩擦問題を述べる余裕はないので後者だけにするが、七七年一月一七日に出た米国防報告では「ソ連が、その意図するところが何であれ、本気で、着実かつ持続的な努力を進めていることは疑いないところであり、米国がこれに対応する努力をしないと、ソ連は世界における支配的な軍事強国となりかねない」と、ソ連の軍事的脅威が全体にわたって主張されていた。実際ソ連の軍拡は前述したように顕著に進められており、ソ連海軍の増強、特に中東に大きな影響があるインド洋へのソ連海軍の展開と、バックファイアー爆撃機配備等に象徴される極東ソ連軍増強は米国に大きな影響を及ぼしていた。とくに米国は、軍事費削減で大幅に海軍戦力が縮小していた状態から、ベトナム戦争後の軍事戦略見直しを「新機動陸軍、海軍優位」という方向で進めようと考えていたが、そういった戦略の策定にソ連の増強は大きな影響を及ぼしていたのである。そして米国防当局は前述の国防報告中でも日本との関係強化の重要性についても言及していた。したがって、カーター政権が唱える在韓米軍撤退問題からもソ連脅威論に基づく米国の安全保障戦略からも、日本の防衛問題での役割増大が求められるという状況を迎えていたのである。これに加えて貿易摩擦の深刻化があり、福田内閣は経済・防衛の両問題での対米関係調整の課題を背負うことになったのである。

この課題に応える福田内閣の方針は、経済摩擦については日本の経済成長増大を基礎に調整をはかり、防衛問題では、折から丸山次官を中心に進められている日米防衛協力推進を積極的にはかることであった。七七年六月にはブラウン国防長官が来日、同年九月には三原長官が訪米してブラウン長官と会談していることに示されるように、福田内閣成立後、これまでに増して日米間での防衛問題での意見交換が活発になっている。七七年一二月には次期主力戦闘機としてF15イーグル一〇〇機、対潜哨戒機にP3Cオライオン四五機の導入が決まっている。そして日米協力の象徴的存在であるガイドラインが第一七回日米安保協議委員会で七八年一一月二七日に決定されたのである。

防衛問題を避ける日本政治

さて、ガイドラインの策定によって、互いに整合性を欠く二つの方針が成立したことになった。では相互の調整が行われたのか、後からできたガイドラインの路線にあわせるようになったのかというと、そうではなかった。海上自衛隊は別として、陸上自衛隊などは米軍との共同行動についてそれまでほとんど協議していなかったし、ガイドラインの成立後、ようやくその協議・研究が進められることになった程度であった。防衛政策の基本方針としての防衛大綱が再検討されるような状況ではなかったし、前述のように大蔵省系の幹部が入っていた防衛庁内部でも積極的な政策調整を行うという姿勢は見えなかった。具体的には当時の防衛庁は、ガイドラインで決められた日米協力の推進よりも、折からの財政再建問題で、防衛費の伸びを抑えようとする大蔵省と米国の防衛力増強要請の間に立って、何とか防衛費の八〇年度予算GNP比〇・九％維持に苦慮しており、内外の情勢に対応するので精一杯の状況であったと言えるだろう。中枢幹部にすれば、後述するように福田の後に政権についた大平正芳《おおひらまさよし》首相が大綱路線であり、あえてそれを変更に持ち込む必要性を感じなかったであろうし、ガイドライン路線をさらに推進する余裕はなかったと考えられる。

ところで、ここで問題なのは、防衛大綱にしろガイドラインにしろ、その策定の中心が防衛庁内局官僚であったことである。坂田長官が積極的に異例なほど防衛政策への関与を深めてはいたが、内容的な面では内局官僚のイニシアチブに従っていた。防衛政策という国家の安全保障の中心的課題は本来政治家がイニシアチブを取るべきものであるが、防衛庁内局が中心となっている構図に変化はなかったのである。前述した戦争や軍事をタブー視する傾向は依然として続いていたし、与党と野党が安全保障政策について原理的に対立する政治状況下で、防衛政策に関する現実的議論はやはり政治の場では深められなかったし、大部分の政治家は防衛問題の議論自体を避けていたのである。

そういった状態を象徴するのが、栗栖《くりす》弘臣統幕議長の超法規発言と同議長罷免事件であろう。直接侵攻が起こった場合、自衛隊がそれに対処するための法制度が不備であって、現状では緊急事態の場合、超法規的に行動せざるを得ないと栗栖議長が発言し、当時の金丸信長官によって罷免された事件である（七八年）。栗栖議長はそれ以前にも対外的にさまざまな発言を行なっており、そういったこともあって結局罷免という事態を招いたわけだが、議長が主張したこと自体は正当な内容であった。陸上自衛隊出身である栗栖議長にしてみれば、北海道への直接侵攻を想定しそれに対して戦略を立てているにも関わらず、法制度上きちんとした行動ができないのでは責任が取れないということである。こういった状態を打開するためには、一日も早く有事法制を整備すべきであった。しかし六〇年代に防衛庁内で有事法制を研究してはいたが、六五年の「三矢研究事件」で政治問題となり、以後は有事問題はいわば政治が避ける課題になっていたのである。福田内閣時代にようやくその研究に着手され

図17　辞任の記者会見をする栗栖弘臣統幕議長
（毎日新聞社提供）

ることにはなったが、結局役所任せで政治はイニシアチブをとることなく経過する。政治がいかに防衛政策の現実に即した議論を避けていたのかは、有事法制の制定が行なわれたのが栗栖事件から二〇年以上を経た二〇〇三年であることからも明らかだろう。ただし、冷戦終了以前でも、全ての政治家が安全保障問題に積極的に取り組まなかったわけではない。日本にふさわしい安全保障政策を考えようとした有力政治家の一人が大平正芳であった。

大平と総合安保論

ガイドライン成立後、福田内閣は一二月六日に総辞職して翌日大平正芳内閣が成立した。吉田茂の「経済重視・軽武装」路線を忠実に継承した池田勇人の派閥・宏池会《こうちかい》の後継者で、いわゆる「保守本流」である大平は防衛力増強には消極的であった。ただし大平は、米国からの防衛力増強要求をただ拒否するのではなく、自らの安全保障戦略を持とうとしたところが、これまでの吉田路線継承者とは性格を異にしている。大平の安全保障政策、それが「総合安全保障」という考え方であった。

大平は七七年一一月一日告示の自民党総裁選挙にあたって、「政治に複合力を」と題する自らの政見を発表している。その中で大平は、今後の国づくりにあたっての一つの基本戦略と二つの計画を基本政策として提示していた。その一つの基本戦略というのが、総合安全保障戦略であった。それによれば、福田内閣以来日米協力強化が進められるにつれて日本の安全保障も軍事的側面が大きくクローズアップされてきたことに対して、防衛力という軍事的側面は無視しないものの、それは「節度ある質の高い自衛力」というにとどめ、日米安保と内政の充実によって総合的に安全保障をはかろうというものである。こういった考え方は、防衛大綱を推進した久保卓也にも共通するものであり、また、久保と考えが近い高坂正堯京都大学教授とも共通している。高坂は大平がよく話を聞いた学識者の一人であり、大平の考えには高坂や久保の意見が反映していたと見てよいだろう。

大平は自らの長期政権化を期待して、各種の長期政策立案のための九つの政策研究会を立ち上げたことはよく知られている。この政策研究会のうち安全保障問題に関するグループが、七九年四月に発足した「総合安全保障研究グループ」であった。同研究グループは、当時財界や防衛庁関係者によって創設されたばかりの財団法人平和・安全保障研究所の理事長に就任していた猪木《いのき》正道《まさみち》（京都大学名誉教授・元防衛大学校校長）を議長とし、飯田経《いいだつね》夫《お》名古屋大学教授、高坂《こうさか》正堯《まさたか》京都大学教授を幹事としていた。他にも政策研究員として学界から木村汎《ひろし》北海道大学教授や佐瀬《させ》昌盛《まさもり》防衛大学校教授、佐藤誠三郎《せいざぶろう》東京大学教授、中嶋嶺雄《みねお》東京外語大教授などが参加し、他に曽野《その》綾子《あやこ》や黒川紀章《きしょう》、江藤《えとう》淳《じゅん》といった文化人が参加していた。官僚は、防衛庁の佐々《さっさ》淳行《あつゆき》や外務省の渡辺幸治、通産省の木下博生などが加わり、書記やアドバイザーを加えると総勢二五名で構成されていた。

ここで重要なのは、この研究グループの中心が幹事として最終的に同報告書のとりまとめにあたった高坂であったことである。議長であった猪木は京都大学以来、高坂とは親しい関係であり、しかも猪木が理事長となっている平和・安全保障研究所の実質的中心は、防衛次官を経て国防会議事務局長となり、七八年一一月に退官して同年一二月から研究所の常務理事になっていた久保卓也であった。したがって「総合安全保障研究グループ」における議論に、久保や高坂の意見が大きく反映されたのは間違いないと見てよいだろう。すなわち「総合安全保障論」の「防衛」に関する部分は、防衛大綱及びその基礎となる基盤的防衛力構想などを土台に議論が組み立てられることになっていった。しかし、翌年七月完成した総合安全保障研究グループの報告書は、八〇年六月、総選挙最中の大平の急死によって、大平自身によって活用されることはなかったのである。

国際情勢の緊張と第二次冷戦

大平が「総合安全保障政策」の具体化を研究グループに託していた間、米国からの防衛力増強要請も厳しさを増していた。たとえば七九年七月三一日から開催された第一一回日米安保事務レベル協議で、米側は日本に海上防衛力を高め、日本周辺のシーレーンは自らの力で保護するよう要請した。さらに、米本国では同年九月一七日、上院外交委員会が日米協力を強化すべしという報告書を公表している。一〇月二〇日のブラウン国防長官の来日の際にも、日本の防衛力増強についての要請がなされており、財政再建との関連で政府は対応に苦慮することになる。

こういった状況の中で、国際関係が大きく変動する。中東のイランで革命が起き、米大使館が占拠されるという事態が生じたのである。こうした中での日本企業のイラン石油購入問題により米国の対日世論が悪化して、ここでも政府は対応に追われることになる。

以上のような中でおきたのが、ソ連のアフガニスタン侵攻であった。これを契機にカーター政権の対ソ姿勢も完全に硬化し、世界は第二次冷戦と言われる状況になっていく。八一年一月、カーター大統領は「カーター・ドクトリン」を発し、ペルシャ湾地域を支配しようとするいかなる外部勢力の試みも米国の基本的国益に対する攻撃とみなし、軍事力を含むあらゆる手段で撃退する旨声明した。中東地域をにらむインド洋方面に展開するために、「とくに太平洋の第七艦隊は常に戦略的柔軟性を重視した態勢におき、全世界的規模に立って、スウィングされる」スウィング戦略が明確化していく。規模が縮小した米国海軍戦力の中からインド洋方面に展開する部隊をふりわけるためにも、同盟国のこれまで以上の協力が必要となってくるのである。

大綱批判派はこれまで、大綱が前提としていたデタントという国際情勢理解に対し、ソ連の軍事力増強によってもはやデタントではないという議論を展開していた。大綱批判派にすれば、それが実証されたということになる。前述のように北方領土に対し七八年からソ連地上軍の再展開が行われたのをはじめ、七九年九月には新しい基地の建設も確認されていた。バックファイアー爆撃機の極東配備など、東アジア方面の軍事情勢も緊張の度を増してきたのである。大平からすれば、期待した総合安全保障に関する報告書がまとまる前に国際情勢の方が大きく変動し、米国からの強い防衛力増強要請に直面する事態となったわけである。米国の要請は具体的には、最初は具体的な数値を示しての防衛費増額要請ならびに防衛庁で策定中の中期業務見積もり（中業）の早期達成ということであった。カーター政権からレーガン政権になると対ソ共同作戦問題が重要になってくるが、大平内閣の時代は主として前者への対応を迫られていた。

では、中業の早期達成問題の内容はどういうものなのだろうか。前述のように四次防までの五年間固定の長期計画方式を改め、大綱の別表にある目標を単年度主義で達成しようということになっていた。しかし、防衛力整備のように長期間かかる事業では、やはりある程度の期間の見通しも必要ということになり、導入されたのが中期業務見積もりという方式であった。これは大綱で定められた目標にむかって一定の期間内でどれだけを達成するかの目標を定めた計画で、国防会議や閣議決定を行わない、防衛庁内部での計画という性質のものであった。この時策定されていたのは、五三中業という八〇年度から八四年度までを対象にしたものであった。この五三中業は五年間で防衛予算のGNP比を一％にまで上げることを前提に装備の充実を図っていると言われ、これが完成すれば大綱の目標はほぼ達成されると見られていた。この五三中業を一年繰り上げて実施することが米国から求められ、以後、五三中業繰り上げ実施問題が重要懸案になっていくのである。

結論から言えば、大平政権後期の日米関係はこの問題に終始する。そして政府内でも、対米配慮から中業繰上げ実施に賛成する外務省と、ようやく長期計画を政府決定から切り離して防衛政策の主導権を握った防衛庁が対立する。八〇年四月の訪米でも、中業繰上げ問題で米国との食い違いがあきらかになることになり、結局大平は、防衛問題についての米国との意見の違いを埋めていく積極的方策を見いだせないまま、内閣不信任案の可決から総選挙へと突入し、やがて急死するのである。

総合安保と旧大綱

前述のように、「総合安全保障報告書」は大平の生前に間に合わなかった。七月二二日に首相臨時代理となっていた伊東正義《いとうまさよし》に提出されたこの報告書は、それまでは日米安保体制の是非や憲法問題ばかりが議論されていた日本の状況を考えると、日本が抱える問題点や今後の課題をよく整理したものだと評価して間違いはないであろう。問題は政策提言として現実の政治状況とどういう関係になったかである。その点から見て重要なことは二点ある。

第一点は、軍事的役割の限定性の問題である。そもそも、日米協力の進展で軍事面ばかりが強調されることを避け、政治や経済など多面的に安全保障政策を考えるという趣旨で総合安全保障政策は構想されていた。つまり最初から軍事は全体の一部にすぎず、ガイドライン以降かなり表面に出てきた軍事問題を薄める効果も見込まれていた。したがってここで行われている軍事面に関する議論は、広範な日米協力のあり方ではなく、基本的に本土中心の自主防衛論であった。ただし、この報告書が当時顕著になっていった第二次冷戦とも言える状況を無視していたわけでは決してない。「米ソ間の軍事バランスは、一九六〇年代半ば以降のソ連の軍備拡張によって変化した」とあるように、ソ連の軍事力増強がもたらす国際政治的影響についても正確に分析している。ソ連軍拡による変化の結果、「アメリカは過去のように、単独で、広い範囲にわたって、かつすべてのレベルで、安全を与えることはできなくなった」。こういった変化は「日本にとっての軍事的安全保障の課題を増加させた」。すなわち、アメリカに依存していればよい状況が終わり、「局地的バランスについては、その地域の国々の軍事力が重要となった」というのである。

しかしこの報告書の問題は、議論がここで止まってしまっていることである。先の部分のあと、「こうして、日本は、戦後初めて自助の努力について真剣に考えなければならなくなったし、日米間の全般的な友好関係だけでなく、軍事的な関係が現実によく機能し得るよう準備しなくてはならなくなったのである」と述べてあるものの、全般的な友好関係だけでなく、よく機能し得る軍事的な関係とは具体的にどういったことかということに関しては明らかにされていなかった。この後は、軍事面におけるアメリカの優越の「終了」が、より広範な外交的意味を持つということで、日本の外交的役割といった問題に議論が移ってしまう。結論として軍事面においては自衛力増強という点に落ち着いているのが本報告の特徴であった。そして自衛力という問題で登場するのが、拒否力という高坂と久保によって定式化された概念であった。そして防衛大綱で定めたことすら実現できていない状況を批判し、「(自衛力の強化に関する：引用者注) 以上の欠陥を埋めることは、高い優先順位を与えられるべき課題である。それは『大綱』の実施に過ぎない」とまで言い切っているのである。

しかし後述のように、米国は単に日本に自衛力の強化を求めるだけではなく、ソ連の軍事的脅威に対抗する共同行動を求める段階にきていた。こうした問題には、この報告書は答えを用意していなかった。むしろ、自衛力増強すら問題になりがちな日本の政治状況を考慮すれば、米国との対ソ共同行動などはいまだ発想の段階にきていなかったということであろう。この点では、政治状況の方が報告書（あるいは日本での安全保障議論）で想定した段階を越えて進んでしまっていたということになる。

第二の点は、大平の死ということである。そもそもこの政策研究会は大平の強い希望で始まったものであり、大平なくしては考えられないものであった。報告書は伊東臨時代理に提出されたが、大平内閣の後継である鈴木善幸《ぜんこう》内閣では、結果的に有効に生かされることにはならなかった。米国からの強い防衛力増強要請、そしてこれから明確になっていく共同作戦問題に対して、日本としての安全保障の在り方を問い直したこの報告書を、現実政治の中でいかに応用していくかという試みは結局なされることはなかった。強力な支援者としての大平を失ったことで、総合安全保障に関する重要な政策提言であったこの報告書は、現実の場で政策という形に昇華することはできなかったのである。

「日米同盟」路線強化へ

レーガン政権とシーレーン問題

第二次冷戦といわれる状況の中で、米国の日本に対する防衛力増強要請は厳しさを増していた。折からの日米経済摩擦の激化もあって、日米関係は一九八〇年代に入ると相当難しい状況になっていた。そうした中で、カーター政権に替わってレーガン政権が誕生したことで、米政府の対日防衛力増強要請は内容が変わってきた。すなわち日本を欧州並みの扱いにしようとするのと同時に、日米役割分担を求めてきたのである。これまで見てきたように、カーター政権時代の防衛力増強要請は、具体的数字を示して防衛費増額を求めるという形をとっていた。しかし結果としてそれは明確な効果を生まなかった。そこでレーガン政権は日本を公然と批判することを避け、ＧＮＰの何％といった数字を重視した防衛力増強要請よりも、役割と任務ということを基礎に防衛協力について協議するという政策に移行したのである。すでに八一年度国防報告の中でブラウン国防長官は、ペルシャ湾地域などの紛争発生に備えた緊急展開部隊の創設と並んで、対ソ封じ込めについての日米欧の共同作戦努力を呼びかけていた。レーガン政権は、シーレーン防衛問題を中心にこれを徹底して進めるとともに、日本を欧州並みに扱うことで自発的協力を誘おうと考えたのである。

さて、このシーレーン問題と地域防衛分担問題だが、これについては先の日米ガイドラインが持つ意味は大きかった。すなわちガイドラインでは防衛大綱の範囲を超えて海上交通保護の問題に踏み込んでいたが、実はそれにとどまらなかった。海上交通保護を述べた部分は英文では次のようになっている。

(b) Maritime Operations:

The Maritime Self-Defense Force (MSDF) and U.S.Navy will jointly conduct maritime operations for the defense of surrounding waters and the protection of sea lines of communication.（下線引用者）

下線部の「sea lines of communication」とは、マハンの著作にもしばしば登場する軍事用語で、艦隊または前方の基地に対する兵站線という意味で使われていた。「sea lines of communication」を略してSLOCと呼ばれるが、これを保護する任務を担うということは、米国海軍の行う軍事物資補給行動に対しても保護・協力することを意味するのである。ガイドライン策定時の海上幕僚長であった大賀良平はシーレーン防衛がSLOCであることを説明した上で、「同盟国アメリカとは、宏大な太平洋を介して結ばれ、その兵力の前進展開が必要であり、日本の生存と軍事戦略上のシーレーンの確保が日本の防衛上死活的な意義を持つ」（傍線引用者）と述べている。また、別のところでは、後に問題となる一〇〇〇カイリ防衛という範囲は自衛艦の二日間の行動距離にすぎず、「海上における優勢の維持」と「シーレーンの安全の確保」の二つがかつての制海権に代わる概念であり、海軍の目標となったと説明している。シーレーンを海上物資輸送のルートである「航路帯」と考え、シーレーン防衛イコール航路帯防衛とよく考えられているが、少なくとも海上自衛隊幹部はそのように認識していなかった。そしてこの点が、後に問題になるのである（図18参照）。

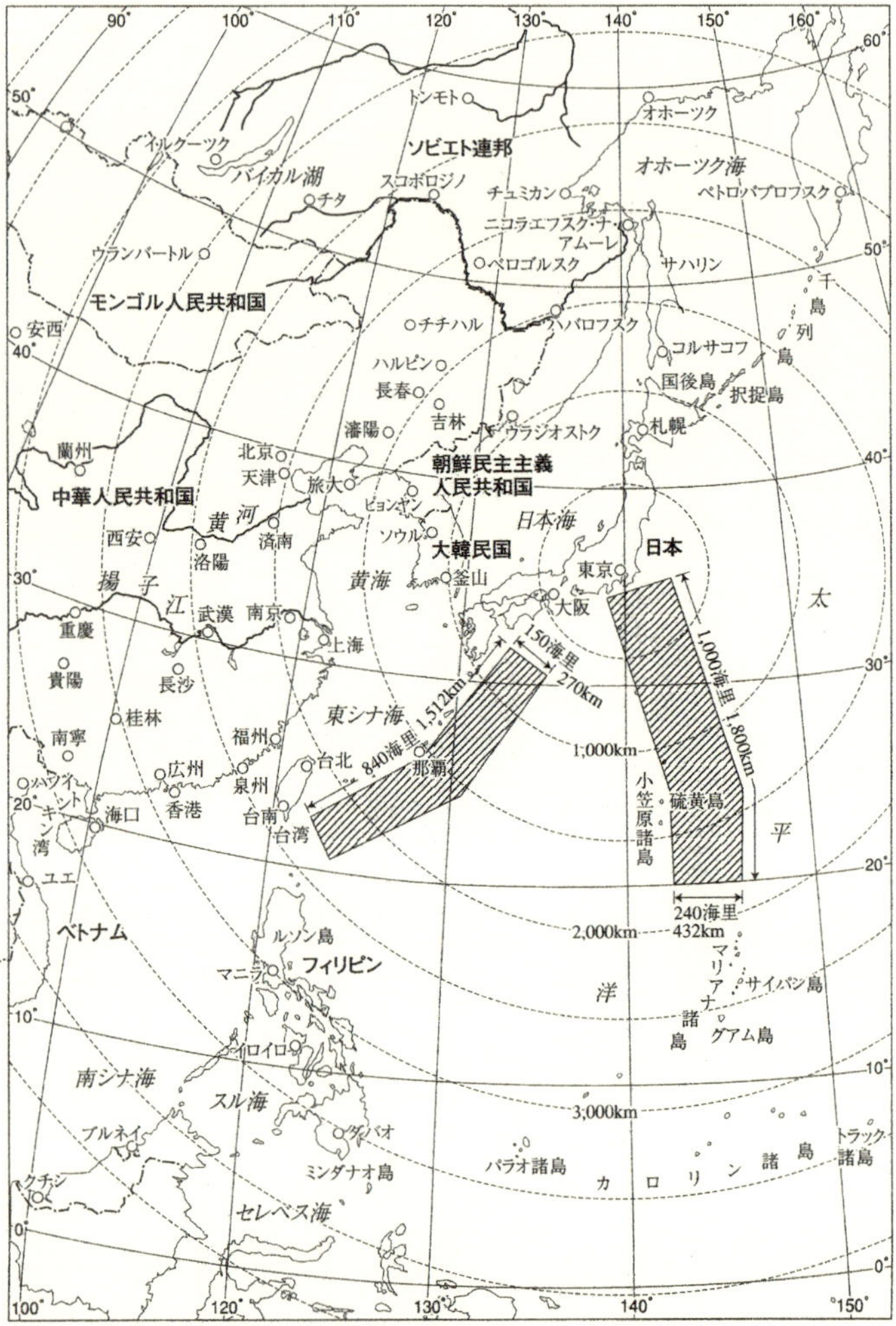
ソビエト連邦
モンゴル人民共和国
中華人民共和国
朝鮮民主主義人民共和国
大韓民国
日本
フィリピン
ベトナム
オホーツク海
日本海
黄海
東シナ海
南シナ海
スル海
セレベス海
バイカル湖
黄河
揚子江
太平洋
イルクーツク
チタ
スコボロジノ
トンモト
オホーツク
チュミカン
ペトロパブロフスク
ニコラエフスク・ナ・アムーレ
ベロゴルスク
ウランバートル
サハリン
千島列島
ハバロフスク
チチハル
ハルピン
長春
吉林
瀋陽
ウラジオストク
コルサコフ
国後島
択捉島
札幌
安西
蘭州
北京
天津
旅大
ピョンヤン
ソウル
釜山
西安
洛陽
済南
東京
大阪
武漢
南京
上海
重慶
貴陽
長沙
桂林
南寧
福州
台北
泉州
那覇
広州
香港
台南
台湾
海口
ハノイ
トンキン湾
ユエ
150海里
270km
840海里 1,512km
1,000海里 1,800km
1,000km
2,000km
3,000km
240海里
432km
小笠原諸島
硫黄島
マリアナ諸島
サイパン島
グアム島
ルソン島
マニラ
イロイロ
ダバオ
ミンダナオ島
ブルネイ
クチン
パラオ諸島
カロリン諸島
トラック諸島

(航路帯構想図)

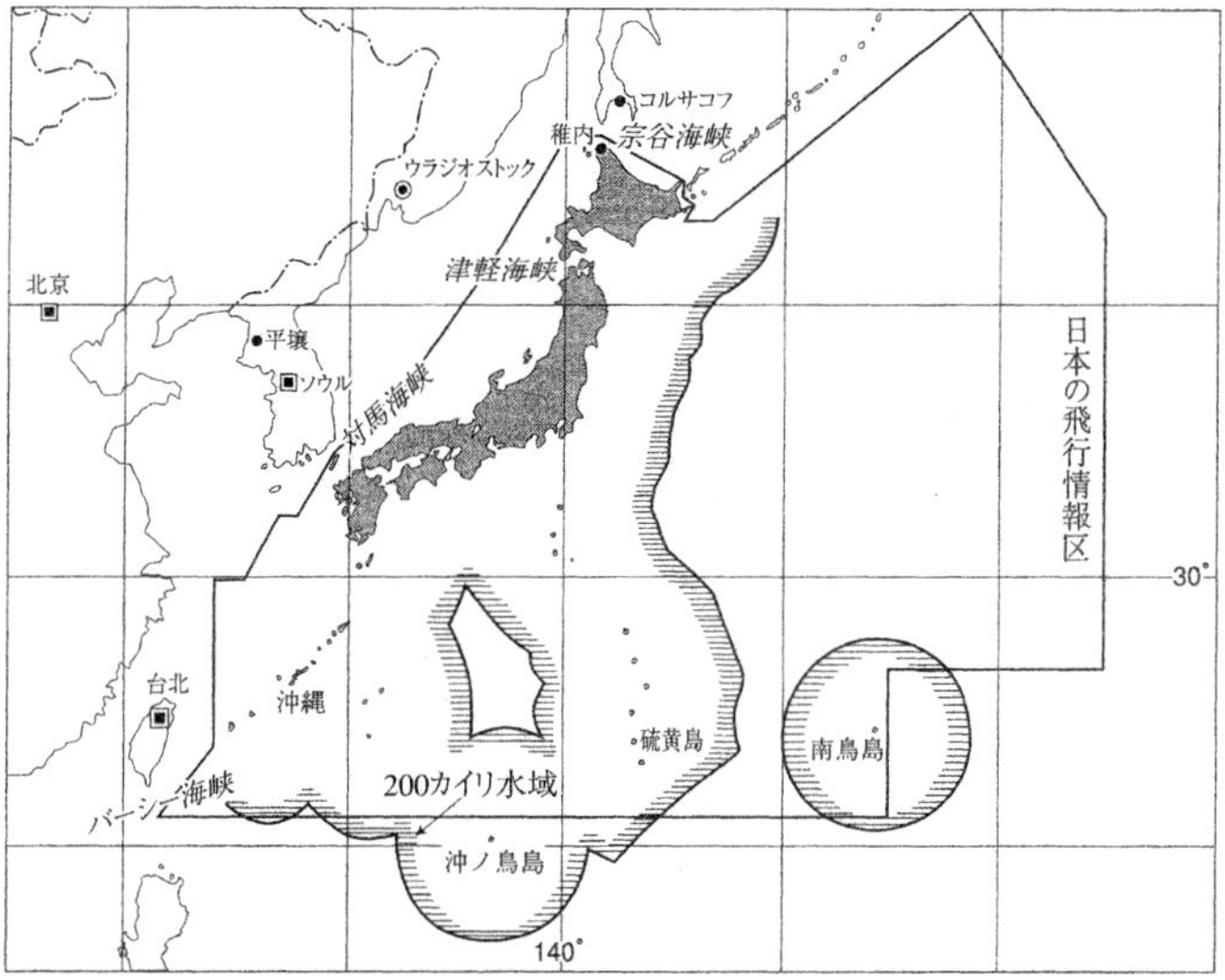

図18　日本のシーレーン防衛要図

(右) 防衛庁で初期に考えられていた航路帯構想．シーレーンはこのイメージで語られることが多いが，実際に70年代末から日米間で議論されていたシーレーンは（上）の図にある領域防衛をイメージした方が正確である．

(右) 海原治『私の国防白書』(時事通信社，75年) 132頁．

(上) 大賀良平『シーレーンの秘密—米ソ戦略のはざまで』(潮文社，83年) 183頁．

鈴木内閣と日米関係の悪化

大平内閣の後継は、当時の自民党内の複雑な勢力関係を反映して大平と同じ宏池会から鈴木善幸が選出された。鈴木内閣は、基本課題に財政再建と行政改革を掲げ、防衛力整備に特に力を入れることについては消極的であった。防衛問題についての基本方針は大平政権の政策の踏襲であり、たとえば一二月に総合安全保障会議を設置するなど「総合安全保障政策」を継承する姿勢を示している。ただそれは、鈴木自身が防衛問題について明確な方針を持たなかったことを意味した。鈴木はこれまで党務が長く、外交問題での経験は農業問題（特に水産）がほとんどであり、防衛問題については経験も浅かった。大平が、総合安全保障論という自らの安全保障論を持とうとしたことに比べると、これ以後の展開を見ても鈴木の対応は対症療法的であったと言える。

このような鈴木政権とシーレーン問題を中心に防衛地域分担を求めるレーガン政権との間で考え方の違いが明確になったのが、八一年五月に行われた日米首脳会談であった。このときの会談で鈴木首相はレーガン大統領に対し、日本としては米国と国際情勢への認識は一致しており防衛力増強の必要性は理解しているが、財政や国内政治的制約から防衛費の突出はできないと説明した。これに対し、米国側は日本に対して日本周辺海域についての責任を日本が負ってくれれば、それで負担が軽くなった米海軍がインド洋方面に展開できると述べて防衛地域分担を求めたのである。この点についてワインバーガー国防長官は次のように述べていた。

日本との間でフィリピン以北グアム以西の海上交通路、防衛のための強力で、効果的なパートナーシップを生み出していくことを重視している。この地域における、ソ連の海軍力、航空戦力等はいちじるしく増大されてきているところ、今後五年位のうちに日米協力してこれに対抗し、バランスをとる能力を備えていくことが、緊急に必要となっている。また、日米がかかる能力をじゅう分に増大すれば、それだけ米国の艦船の一部をインド洋にふりむけることが可能となるわけである。

これに対して鈴木はすぐに承知したわけではなく、日本としても防衛努力は行うが日本の国内問題にも配慮してほしいと述べている。つまり、米国の要請に対して明確な言質を与えていたわけではなかった。しかし、問題はこの後に生じた。はじめて日米を「同盟」と謳った共同声明の第八項で「両者は、日本の防衛並びに極東の平和及び安定を確保するに当たり、日米両国間において適切な役割の分担が望ましいことを認めた。総理大臣は、日本は、自主的にかつその憲法及び基本的な防衛政策に従って、日本の領域及び周辺海・

空域における防衛力を改善し、並びに在日米軍の財政的負担をさらに軽減するため、なお一層の努力を行うよう努める旨述べた」（傍線引用者）と書かれていた点について、日本政府の説明が混乱したのである。

傍線部を読めば日米が役割分担について合意したことになる。首脳会談後の記者会見で鈴木は「少なくとも日本の庭先である周辺の海域を自分で守るのは当然で、周辺海域数百マイル及びシーレーンについては約一〇〇〇マイルについて、憲法を踏まえつつ自衛の範囲内で防衛力を強化する、という政策を推進している」と述べており、これによってシーレーン防衛が日米の役割分担の内容だと米国には受け取られたのである。米国のシーレーン防衛は、前述のSLOCの問題である。しかし鈴木の理解は、日本に対する物資輸送路、すなわち航路帯としか考えていなかった。これを守る努力はするが、それ以上踏み込んだ日米協力には鈴木はきわめて消極的であった。だが、記者会見での鈴木の発言で米国はシーレーン防衛に関する役割分担についての合意ができたと解釈したのである。

鈴木は帰国後、軍事的な役割分担について否定し、共同声明は首脳会談終了前にすでにでき上がっており、自分の意見が反映されていないと外務省を批判する。こうして最終的には、伊東外相が辞任する騒ぎに至ってしまうのである。この混乱の結果、日米関係はこの時期、経済摩擦の激化もあって悪化する。鈴木政権は米国の不信を買ってしまう結果になったのである。

実務協力の進展

鈴木政権に対する米国の不満・不信が高まっていた一方で、制服組を中心とした実務面の協力は、海空自衛隊、特に海を中心にすでに相当進展していた。海上自衛隊は八〇年春の環太平洋合同演習（リムパック80）に参加し、海上防衛に関する日米協力はさらに進展を見ていた。また米国防総省当局は、ソ連の侵攻を想定した日米共同作戦計画が制服レベルで策定が進んでいると述べて、青森県三沢基地では航空自衛隊と米ハワイ州空軍との共同訓練も始まった。海上自衛隊が計画している新護衛艦の内容が、ヘリコプターを搭載したミサイル艦で、米の求める対潜、対空能力を考慮したものになっているのも、日米の意思疎通のあらわれであった。しかも領空の警察行動を行う迎撃戦闘機に

図19　環太平洋合同演習のためハワイに向かう護衛艦（毎日新聞社提供）

空対空ミサイルの実弾を装備することが発表され、海上自衛隊でも、矢田海幕長が艦艇や哨戒機に実弾魚雷の積み込みを開始すると述べるなど、まるで米国に呼応して部隊が臨戦態勢で臨んでいるかのような展開になっていた。

また、軍事技術の情報交換拡充と兵器の共通化の大幅拡充も、このころから進展している。さらに、護衛艦隊の対空・対艦能力強化のため、既存艦にミサイルを積載する艦艇近代化計画（ＦＲＡＭ）推進の方向も防衛庁で決まった。ちなみに、八一年二月六日の閣議で、自衛隊制服組の意見をよく聞いて政府との間の風通しをよくすべきといった発言が相次ぎ、鈴木首相も対話に意欲を示したという報道が行われているが、これなどは以前と比べて制服組の立場が向上したことを明確に示している。つまり、政府首脳が日米協力進展に踏み切れずにいる一方で、制服組を中心とした実務者間では、可能な部分から具体的な協力が進められていたのである。

さらに言えば、前述の共同宣言問題でも明らかなように、外務省は日米協力を進展させるべきだという方針の下にあった。したがって、問題は政府がこの問題にどれほど踏み込めるかになっていた。こうした中、六月にハワイで開催された日米安保事務レベル協議（ＳＣＣ）では、米国から日本に対し、「(a)日本領土の防衛のための効果的かつ抗たん的

(任務遂行のための機能などを維持する能力)な通常戦闘能力及び(b)日本周辺海域ならびに北西太平洋千マイル以内のシーレーンをバックファイアー及び原潜を含むソ連の脅威に対し『効果的に防衛するに十分な』海上及び航空兵力、を提供することを期待する」との防衛努力増強要請がなされた。このときの協議では軍事技術交流や在韓米軍支援問題、在日米軍への財政援助(いわゆるホスト・ネーション・サポート)など、より広範に日本に対する要請が行われているが、その後も鈴木内閣の日米防衛協力に消極的という基本姿勢に変化はなかった。実務面で可能な範囲の日米協力はすでに進められていたが、いっそうの日米協力には、もはや「政治」の判断が必要な段階にきていた。日米協力の進展に対する政治判断がなければ、激化する経済摩擦を背景に、日米関係のさらなる悪化は避けられない事態にまで至っていたのである。そこに登場したのが中曽根内閣であった。中曽根は首相就任直後から、積極的に対米関係改善のために動いていくのである。

中曽根内閣と防衛分担問題

鈴木内閣の総辞職後、中曽根が八二年一一月二七日に首相に就任し、翌八三年一月に訪米するが、その直前の一月一四日、前述した八一年六月のSCCで米国から提案されていた軍事技術交流の問題について対米武器技術供与の決定を行なった。実際八一年六月のSCCの後、米国から示された要請に対してどう応えるかの協議は政府内でほとんど進められていなかったが、中曽根は訪米に当たって、その中の重要懸案の一つについて応えたわけである。その上で訪米し、レーガン大統領との首脳会談で同盟関係の確認を行なったが、中曽根が米国に強烈にアピールしたのは、やはりワシントン・ポスト紙との会見記事であった。この中で中曽根は、日本はバックファイアーに対する不沈空母になるということや（不沈空母という言葉自体は使われなかったことがあとで判明するが）、かつて鈴木・ワインバーガー会談でワインバーガーから出されたグアム以西の海域保護の問題にまで言及しているのである。これらの発言は日本国内には大きな物議を醸《かも》した一方で、日本が明確に米国との共同行動に乗り出したものとして、米国では大いに歓迎された。中曽根は「ワシントンの深刻な不信と猜疑《さいぎ》の重苦しい雰囲気を払拭するにはふつうの手段ではたっぷり二年はかかったでしょう。それが、あの一言で鬱積《うっせき》が吹っ飛んで青空のようにすっきりした」と回想しているが、確かに日米関係改善に大きな効果があったのは間違いない。

ところで中曽根は、日本のナショナリズムへの配慮を基礎においた自主防衛論者であった。首相就任後の日米協力の進展で、中曽根は自主防衛から日米同盟に変心したのかという疑問がしばしばなされている。実際はどうであろうか。中曽根の防衛庁長官時代の考え方を説明した部分ですでに述べたように、中曽根の自主防衛論にはいくつかの重要な特徴があった。それがナショナリズムへの配慮という問題と、目指す国家観が欧州をモデルとした自律的な国家像ということであった。たとえば、ナショナリズムに配慮したために、ナショナリズム高揚のシンボルとしての基地問題を解決するために、在日米軍基地の自衛隊への移管を主張していた。しかし七三年に合意を得た「関東計画」を中心とした基地縮小整理の進展で、いわゆる「基地問題」は本土においてはほぼ解消していた。これは中曽根にとって、ナショナリズムのくびきからかなり自由になったことを意味している。スローガンとしての自主を掲げ続ける必要性が大幅に減少したのである。一方で、この時米国から求められていたのは、前述のように欧州並みの対ソ共同作戦への参加であった。米国から欧州並みの国家として遇されることは防衛庁長官時代から中曽根自身が主張し、求めていたことでもあった。そして中曽根が進めようとしたのが、まさに日米が対等の立場に立った共同作戦行動であった。中曽根は、先の不沈空母発言の意味について次のように語っている。

あのときの私の発言というのは、「日本の防衛のコンセプトの中には海峡やシーレーンの防衛問題もあるが、基本は日本列島の上空をカバーしてソ連のバックファイアーの侵入を許さないことだと考えている。バックファイアーの性能は強力であり、もしこれが有事の際に、日本列島や太平洋上で威力を発揮すれば日米の防衛協力体制はかなりの打撃を受けることを想定せざるを得ない。したがって、万一有事の際は、日本列島を敵性外国航空機の侵入を許さないよう周辺に高い壁を持った大きな船のようなものにする」という意味のものだったんです。

これはつまり、日本列島が盾になって、バックファイアーを中心とするソ連航空戦力に対して封じ込めを行うという意味に他ならない。レーガン政権に応えた自発的な欧州並みの対米軍事協力・共同行動であり、日米安保体制に依存した六〇年代の日米安保中心論とは全く異なる立場に立つものであった。対米対等性の確立を重視していた中曽根にとって、自らの考えに合致する姿勢であったのである。八三年三月には日米防衛協力小委員会でシーレーン防衛の共同研究を行うことが合意され、航空自衛隊（八四年）や海上自衛隊（八五年）による統合指揮所訓練も実施された。青森県三沢基地への米空軍F16戦闘機配備も進められている。八七年には中曽根内閣で決定された対米武器技術供与決定に基づき、次期支援戦闘機FSXの共同開発も合意された。こうして中曽根内閣の成立以降、旧大綱（「防衛計画の大綱」）に結実した本土防衛中心の自主防衛論と、旧ガイドライン（「日米防衛協力の指針」）に結実した日米協力中心論の対立は、日米同盟路線の明確化の方向で進むことになったのである。

防衛大綱の実質的変質

中曽根内閣でガイドラインの日米協力を中心にすえた結果、防衛大綱の内容は大きく変質していくことになった。たとえば、日米防衛協力強化に関して米国で評価が高かったのが八五年の中期防衛力整備計画決定と、それを担保するものとしての防衛費GNP一％突破（八六年）がある。前者は五三中業（中期業務見積もり）、五六中業という二つの中業を経て、八六年から九〇年までの防衛力整備に関する計画で、当初は五九中業とされていたものである。これが国防会議と閣議の決定を得て政府計画まで格上げされて中期防衛力整備計画となった。防衛大綱決定後、前述のように防衛計画に関する主導権を握るために、防衛庁内部資料として中業は考えられていた。しかし政府計画となったことで、実質的に四次防までの整備計画と同じ計画方式に戻ったことになった。カーター政権時代に中業の繰上げ実施・政府計画への格上げを求めた米国の要請に応えた形だが、政府計画となったことで大蔵省をはじめとした他省庁の影響が再び及びやすくなったわけである。なぜ中業の方式になったのかという経緯が早くも忘れられたか、あるいは軽視されてしまっていた。

大綱の変質は計画方式の面だけではなかった。中期防衛力整備計画はその整備方針で、『防衛計画の大綱』の基本的枠組みの下、これに定める防衛力の水準の達成を図ることを目標とする」と、大綱を基礎に置くと述べていた。しかしそのあとで「国際軍事情勢及び諸外国の技術水準の動向を考慮し、これに対応し得る効率的な防衛力の整備を図るため、陸上、海上及び航空自衛隊のそれぞれのほか、各自衛隊の有機的協力体制の促進及び統合運用効果の発揮につき特に配慮するものとする」となっていた。これにしたがって、たとえば日米防衛協力の中心になっている海上自衛隊については、「2．周辺海域の防衛能力及び海上交通の安全確保能力」として、「(1) 艦艇による防衛能力を充実近代化するため、護衛艦、潜水艦、掃海艇、ミサイル艇、補給艦等を建造する。護衛艦の建造に当たっては、対戦能力の充実とともに、対艦及び対空能力を向上するため、ミサイル装備化を推進する。その際、別途行う洋上防空体制の在り方に関する検討結果を踏まえ、護衛艦の対空ミサイル・システムの性能向上について検討の上、必要な措置を講ずる。(2) 航空機による防衛能力を充実近代化するため、固定翼対潜哨戒機（P-3C)、対潜ヘリコプター（新対潜ヘリコプター〈艦載型〉を含む)、掃海ヘリコプター（MH-53E）を整備する」となっていた。

前述のように、「限定的かつ小規模な侵略」に対応した基盤的防衛力を前提とした防衛大綱は、日米協力ではなくあくまで本土防衛が基本であった。したがって沿岸や周辺海域の防護が中心であり、海上護衛も固定翼機などによる航空兵力でカバーできる範囲が考えられていたにすぎない。しかし中期防衛力整備計画では海上交通保護が重要目標となり、対空能力向上に力点がおかれていた。これがやがてイージス艦の導入につながるわけである。しかも中期防衛力整備計画が国防会議及び閣議決定された八五年九月一八日には、F15戦闘機の取得機数が一五五機から一八七機へ、P-3Cにいたっては七五機から一〇〇機へと変更された。これによって対潜・対空におけるソ連の封じ込め体制整備が成立したのである。

すなわち中期防衛力整備計画は大綱を土台にすると述べながらも、実質的には日米協力強化の方針の下で対ソ封じ込めを可能にする防衛力整備を行うことを決めたものであった。実際、シーレーン防衛を中心に日米の防衛協力に踏み出したことで、本土防衛中心に構想された防衛大綱との齟齬が生じることは明らかであった。実は緊張緩和の時期に策定された防衛大綱は、ほぼ同時に決定された「防衛費一%」とともに、防衛費増大を抑制するものと受け止められていたのである。したがって国会では政府の防衛力増強に対して、野党は防衛大綱に反するという批判を行なっていた。そこでまだ冷戦が続いていた時期にあって、国会で激しい議論を巻き起こす可能性のある大綱の修正には踏み込まず、実質的にその変質が進められたわけである。こうして制海・制空能力の向上によって、日本は米軍と協力して冷戦を「戦った」のである。

冷戦終了と自衛隊

これまで見てきたように、日米協力は八〇年代に一気に進展した。防衛庁・自衛隊の実務者及び外務省と、政府の中心である中曽根首相が日米協力の方針で一致し、それを進めた結果である。その結果、日米は冷戦に「勝利」を収めた。ではこのことは自衛隊に、そして政治と自衛隊の関係にどのような影響を及ぼしたのだろうか。

まず言えることは、日米防衛協力における海上自衛隊の役割の大きさである。そもそも米海軍との共同行動を前提として誕生・発展してきた海上自衛隊は、その能力を遺憾なく発揮し、米海軍の期待に応えたと言っていいだろう。日米安保体制の実質は「Navy to Navy」の関係であると評する外交関係者がいるほど、日米「海軍」の協力は密接であった。しかし一方でそれは、日米防衛協力における海上自衛隊の活動が突出していたことも意味している。実はシーレーン防衛の内容に関しては、防衛庁内局でも「航路帯」の防衛という認識が中心であった。内局官僚の中心は防衛大綱を基本に考えており、それを超えた日米協力が実質的に行われるとは考えていなかった。また、海上自衛隊を中心とする日本の防衛力の実力も、それを超えたシーレーン防衛は無理であろうと判断していたのである。海上自衛隊はそういった内局の判断を超えて、実質的に米海軍との協力を進めていったようである。まさに海上自衛隊は一歩進んだ日米協力を行なっていたわけである。

さて、以上のことが次の問題を生じた。第二次冷戦では、海上自衛隊の基本構想にあったシーレーン防衛の推進が実質的な日米防衛協力の内容になったため、海上自衛隊が日米協力の中心になるのは当然ではあった。しかし米軍との協力が必要な航空自衛隊は別として、本土防衛を基本とする陸上自衛隊の果たすべき役割は少なかった。陸上自衛隊と海上自衛隊では、防衛に関する基本構想が異なっていたことはこれまで述べてきたが、八〇年代の日米協力の進展は、ソ連を主敵とした第二次冷戦下において、日本の自衛隊の基本戦略には海上自衛隊のそれがすえられたことを意味した。それならば、冷戦が終了してソ連という敵がいなくなったとき、日本の防衛戦略はいかにあるべきか、再び検討されねばならない。内局がこだわる防衛大綱に沿って本土防衛中心になるのか、シーレーン防衛という役割を果たした海上自衛隊の役割はどうなるのか、冷戦終了後の国際情勢を踏まえた議論が必要であった。では果たして、どのような議論が展開されたのか、そして自衛隊は冷戦終了後の国際情勢の中で、日本の安全保障政策においてどのような位置づけを与えられることになったのだろうか。

冷戦終焉と自衛隊

湾岸戦争の教訓

国際貢献と自衛隊

これまで見てきたように、冷戦末期、日本は海上自衛隊を中心に米国との防衛協力を積極的に推進した。そして日本も冷戦の「勝者」の側に立つことができた。しかし冷戦の終焉《しゅうえん》によって、冷戦後の国際秩序はすぐには明らかにならなかったものの、「平和」の到来が期待され、各自衛隊も対ソ作戦を主眼に形成された冷戦時代の防衛政策の見直しを行う必要に迫られることになった。それだけでなく、日米安保体制の意義や、自衛隊の役割といった問題も、再検討の必要が生じたわけである。ただし、最後の「自衛隊の役割」という問題については、冷戦終了以前から新たな、しかも重要な役割が加えられる可能性が生じていた。それが「国際貢献」である。

日本は、一九六〇年代から経済力の増大による経済大国化で、国際社会の中における重要性を増大させてきた。七五年にはじまる主要先進国首脳会議（サミット）への参加をはじめ、世界の政治経済に影響力を持つ国として、またその経済活動が安定した国際社会の恩恵を受けている立場として、経済力にみあった国際貢献を求められる存在となっていたのである。それは、七〇年代に急速に増大させた政府開発援助（ＯＤＡ）を中心とした開発支援政策に代表されるが、もう一つ、国連の平和維持活動をはじめとした国際社会の平和と安全への貢献も検討されるようになってきたのである。

もともと外務省では国連加盟後の早い時期から、日本が国連の活動に協力できないかという考え方が存在しており、それが七〇年代になるとかなり積極的に検討されるようになっていた。ただし外務省での検討はあくまで省内にとどまるもので、防衛庁と協議したものでも政府全体に及ぶものでもなかった。また、国連の平和維持活動への協力といっても、自衛隊を派遣すべきかどうかという問題については、必ずしも統一した見解があるわけではなく、むしろ当時の日本政治の状況を考えた場合、自衛隊派遣に慎重にならざるを得ないという方向であった。ただ、冷戦下での日米協力の進展と並行して、経済援助にとどまらない国際貢献のあり方が模索されていたことは事実である。

そうした中で、日米安保の枠を外れた問題で自衛隊の派遣が検討される事態が出現した。イラン・イラク戦争によるペルシャ湾の機雷掃海《きらいそうかい》問題である。八〇年に始まったイランとイラクの戦争は長期化し、石油を積んだタンカーが往来するペルシャ湾に機雷が敷設されて安全航行上の大きな問題になっていた。そして八七年、日米同盟を掲げて良好な関係にあったレーガン政権から中曽根政権に対し、ペルシャ湾における機雷除去への協力が求められたのである。この要請を受けるとなれば、その任務に当たるべきなのは当然ながら海上自衛隊の掃海部隊ということになる。そして、自衛隊が訓練以外の目的で海外に派遣されることが真剣に検討されることになったのである。

中曽根康弘首相や外務省は自衛隊派遣に前向きであったが、派遣の根拠となる法的枠組みや、停戦が成立していない地域に自衛隊が派遣されて戦争に巻き込まれる危険などもあって、後藤田正晴《ごとうだまさはる》官房長官が強硬に反対し、結局見送られることになったことはよく知られている。ちなみに、後藤田長官は警察予備隊創設に深く関与した人物であるが、自衛隊の海外派遣問題には後述のPKOも含めてきわめて慎重な立場である。六〇年代までの防衛庁で大きな影響力を持っていた海原治《かいはらおさむ》と旧内務省の同期であるが、制服組の活動を抑えようとする姿勢はこの世代に共通している。「軍事」組織への徹底した不信感ということであろうか。

さて、中曽根内閣時代の海上自衛隊のペルシャ湾派遣問題は頓挫《とんざ》したが、再び国連協力の名の下に自衛隊が活用される可能性が生じた。それは八七年一一月に成立した竹下登《たけしたのぼる》内閣の「日本外交の三本柱」によるものである。すなわち竹下内閣は「世界に貢献する日本」を掲げ、「平和への協力、経済協力、国際交流」を外交の三本柱と位置づけて積極的に推進しようとしたのである。このうち「平和への協力」は、国連の平和維持活動が念頭にある。ゴルバチョフの登場による冷戦情勢の変化とカンボジア和平問題の進展などをにらんで、日本が地域の平和構築に積極的に関与すべきことを外務省が竹下首相に進言した結果であった。ただし、ここでの議論もやはり外務省の中にとどまり、国連の平和維持活動と自衛隊の関係について具体的に政府内で議論が進められる段階までは至っていなかった。一方で防衛庁は、まだ国連の活動への参加などは具体的検討には至っておらず、外務省とのこの問題での温度差は明らかであった。

湾岸戦争の意味

こうして自衛隊の活動の場が拡大する可能性が生じた中で冷戦終了を迎えた。そして日米安保や自衛隊の役割の再検討という状況になったわけだが、こういった課題をじっくり検討する時間は与えられなかった。むしろ当時の議論を大混乱させる問題が出現した。一九九〇年八月の湾岸危機そして翌年一月の湾岸戦争である。中東というきわめて重要な地域で起こった問題に、日本が具体的にどのような協力ができるのか、まさに日本の能力が問われた事態であったが、結局増税まで行なって提供した資金援助は国際社会で高い評価を得られず、日本自身も深い挫折感を味わうことになった。経済制裁など初期の段階では各国に先駆けて実施していながら、最終的にこういう結果になったのは、多国籍軍が結成されたあとの具体的協力の問題で、自衛隊派遣をめぐる意見集約に時間がかかりすぎ、国内政治が混乱し、結果として資金援助しか実行できなかったことによる。自衛隊が合憲か違憲かという妥協なき議論を繰り返し、国家機構の中にどのように位置づけ、活用するのかといった具体的・現実的議論から避けていた付けが回ってきたということであろう。

さて湾岸戦争は、日本防衛ということ以外の問題で自衛隊を海外に派遣する場合、派遣の必要性と憲法の制約という問題を一気に噴出させた。イラクのクウェート侵攻後間もない八月や九月の段階ですでに、米海軍と海上自衛隊の協力が日米安保協力の中核であることを証明するかのように、在日米海軍司令部から海上自衛隊幕僚監部に、掃海艇派遣や横須賀から出動する米海軍航空母艦ミッドウェーの海上自衛隊護衛艦による護衛が打診されているが、これは海幕レベルで断ったと伝えられている。冷戦で協力した米海軍からすれば、海上自衛隊は湾岸戦争でもともに戦うべき存在と映っていたのであろう。しかし、日本を中心とした周辺地域の防衛ではなく、中東まで自衛隊自身が展開することは当時の状況では不可能であった。

しかし、湾岸に展開する多国籍軍に参加する国が増加する一方で、資金援助を小出しに拠出するのみで人的貢献がない日本に対して、米国を中心とした圧力は日に日に増し、政府・与党も自衛隊派遣を中心とした人的貢献を早急に実施する必要に迫られる。前述のように、外務省ではそれ以前に自衛隊の派遣も含めた国連の平和維持活動への参加が検討されてはいたが、あくまでそれは検討段階にとどまり、防衛庁や内閣法制局といった関係部局と詰めた議論をしたわけではなかった。ましてこのときは停戦が成立した後のPKOではなく、戦闘が予想される状況での派遣であった。自衛隊自身が戦闘に参加しないことを前提としても、それが憲法上許されるのかについては大いに意見が分かれた。そこで展開されたのが、派遣される自衛隊隊員の身分に関する議論である。

この論争の詳細を述べる余裕はないが、憲法の制約や海部《かいふ》俊樹首相の「ハト派」的心情といった政治的配慮から、派遣される隊員を自衛隊から切り離して「出向・休職」にしようという外務省と、自衛隊の身分を残した「併任」の形にこだわる防衛庁が対立したわけである。防衛庁としては、自衛隊に所属する船舶や航空機の操縦、部隊活動での指揮命令、銃器の扱いなどは自衛隊の身分がなければできないと主張したが、その背景には冷戦後の平和協力に対する仕事を別の組織に奪われるという懸念や、ようやく表舞台に出られるという期待があった。さらに、危険な地域への派遣を安易に身分を変えていくことで、保険制度をはじめ隊員の利害にもかかわる問題が生じることになるのを恐れたわけである。そして海部首相が「業務委託」で行くと発表した後に、自民党側から批判が出て、結局防衛庁の主張する「併任」の形で決まるという混乱を生じた。しかも、急遽作られた「国連平和協力法案」は国会審議でも政府答弁の食い違いなどの混乱を生じ、結局廃案となる。湾岸戦争での自衛隊派遣は行われることはなかったのである。

しかし湾岸戦争は、当時の日本政治に大きな混乱を巻き起こしただけではなかった。湾岸戦争の歴史的意味は、その後の日本政治、とくに安全保障政策に大きな影響を及ぼしたことにある。それは政治のレベルでは「too little to late」という批判を受けたこと、行なった資金提供の大きさに比べて国際的評価のあまりに低かったことで、米国の要請にはなるべく早く応えるという「湾岸戦争のトラウマ」が残ったことである。これは後の9・11

以後の展開への大きな布石となった。

また、国民意識に変化があったことはさらに大きな意味を持っている。すなわち、国民レベルの間では、日本国内における「軍事」をめぐる議論に疑問を感じるようになったことがあげられる。湾岸戦争における多国籍軍の結成は、国連軍の創設がきわめて困難な状況において国連の集団安全保障機能を発揮するための最善の選択であったと言える。しかし日本は、軍事力の行使という点にのみ反応し、多国籍軍の中心である米国への批判的論調も目立った。いかなる理由にしろ軍事はダメ、軍隊は悪という戦後日本政治の言説が国際的常識の前で打ちのめされたわけであった。このことは、日本の国際協力が資金的なものだけではなく、人的貢献も行うべきであること、場合によっては自衛隊の派遣も必要であることについて、従来のタブーを消していくことになったのである。ただし、湾岸戦争後すぐにそういった理解が進んだわけではなく、湾岸戦争後に国際社会の議論についての情報が浸透していくまでの時間は必要であった。そしてそれをさらに後押ししたのが、実際に行われた自衛隊派遣の成功であったのである。

自衛隊の海外派遣

湾岸戦争のとき、イラクはクウェート沿岸に一二〇〇個の機雷を敷設したと言われている。それはペルシャ湾の航行の安全を阻害する重大な脅威となっていた。米、英、イタリア、ドイツ、オランダ、サウジアラビア、トルコ、フランス、ベルギーといった国が掃海活動を行なっていたが、機雷の数が多く、熱帯での作業は困難を極めていた。また、本来であれば中東に石油の七割を依存している日本こそが、ペルシャ湾の安全航行に重大な利益をもっているはずであるのに、日本が掃海に参加しないのは問題であるという批判も生じていた。湾岸戦争の最中には結局人的貢献ができなかった日本としては、戦争が終了したことで海上自衛隊の掃海部隊派遣の条件が整ったと考え、国内での批判を考慮して極秘に準備を進め、九一年四月六隻の掃海艇部隊を派遣したのである。まだ自衛隊の海外派遣に関する法的整備はまったくなく、自衛隊法九九条の「機雷危険物の除去」が派遣の根拠であった。

結果として、自衛隊派遣反対派の漁船六〇隻が取り巻く中、呉《くれ》を出航した六隻の部隊は、一ヵ月と一日を費やし、七〇〇〇海里を航海してペルシャ湾に着いた。この日本の掃海部隊は、共同作戦を展開した各国の部隊や、機雷が敷設された沿岸各国から高い評価を得る。九月一一日に作業を終えて、一〇月三〇日呉港に到着。海部首相や池田行彦防衛庁長官も出席したセレモニーで出迎えられた。自衛隊初の海外派遣はきわめて大きな成功を収めたのである。

ペルシャ湾での掃海にまして、国民に強い印象を与えたのがカンボジアにおける活動であった。カンボジア和平問題に積極的に関与した日本は、湾岸戦争を教訓に、カンボジアに新政権が樹立されるための選挙の実施や現地の復興事業などに積極的に参加する方針を立てた。そして、これもまた湾岸戦争のときに廃案になった「国連平和協力法案」を教訓に、自民・公明・民社の三党で合意して政治条件を整備した上で、九二年六月「国際連合平和維持活動等に対する協力に関する法律」（国際平和協力法・ＰＫＯ協力法）を成立させた。

国連のカンボジアＰＫＯ自体は九二年三月からすでに始まっており、日本はＰＫＯ協力法成立後、七月一日に調査団派遣、九月八日の閣議決定を経て、一七日には呉からＰＫＯ部隊が出発するというあわただしさであった。ただしこのときは、本隊業務凍結や参加五原則といった、三党合意に導くための政治的配慮がなされた上での派遣であって、日本のＰＫＯ参加は厳しい制限の下で行われることになった。この点については後ほど詳しく述べることにしたい。

いずれにしろ、陸上自衛隊を中心に派遣されたカンボジアＰＫＯは、六〇〇人の部隊に対し取材のマスコミ関係者が三〇〇人派遣されるなど、異様な関心のもとに行われた。文民警察官と国連ボランティアに犠牲者が出たが、自衛隊には犠牲者は出なかった。選挙も成功裏に行われ、国連カンボジアPKOの活動は無事、成功した。カンボジア和平は、戦後日本外交の成功例として後にまで語られることになっただけでなく、自衛隊のPKO活動も国際的に高い評価を得ることができ、しかもそれが国内にも伝わることで、それ以後のPKO活動には大きな弾みがつくことになるのである。

自衛隊とPKO

ペルシャ湾、カンボジアへの派遣成功以来、自衛隊の活動は国際的にも評価が高く、海外派遣も増加した（表3・4参照）。自衛隊の国際協力活動は、阪神淡路大震災以降、重要性を増した災害派遣とともに、冷戦後の自衛隊の重要な活動に位置づけられることになった。しかし自衛隊のPKOには限界があるのも事実である。そもそも、自衛隊法に基づいて派遣されたペルシャ湾掃海は別であるが、PKO協力法成立によるカンボジア派遣でも、同法成立のために自民・民社・公明の三党が合意を得るため、本隊業務凍結や参加五原則という制限がつけられての派遣であった。PKO参加五原則とは次のようなものである。

(1)　停戦の合意が成立している
(2)　受け入れ国などの合意が存在している

(3)　中立性を保って活動する

(4)　上記(1)～(3)のいずれかが満たされなくなった場合には、一時業務を中断し、短期間のうちに回復しない場合には、派遣を終了

(5)　武器の使用は、自己または他の隊員の生命、身体の防衛のために必要な最小限のものに限る

実際、カンボジアで日本人二人の犠牲者が出た後は、自衛隊の引き上げが真剣に議論された。本隊業務凍結は現在解除され、武器使用の制限もその後の改正で現在はかなり緩和されてきている。しかし、ＰＫＯ活動を行なっている諸外国に比べるとやはり武器使用の制限が多く、実際に自衛隊員の身を守ることができるのかについては、派遣された自衛官の中にも疑問を投げかけるものが多いのが現状である。しかも、法的に自衛隊は軍隊ではないという位置づけから、武器の海外持ち出しについて輸出にあたる手続きが必要になったり、派遣されている諸外国の部隊との連携に支障をきたす問題も出てきている。何よりも、自らの身を守れるはずの軍事組織が、他国の軍隊に守ってもらわねば活動できないという状況は、何のために軍事組織を派遣しているのかという疑問すら生んでいるのである。

後述のように、二一世紀になって新たな脅威に対応するために策定された新しい防衛計

状況（2004年11月1日まで）

延べ人数	主な業務内容
16	集めた武器の保管状況の監視及び停戦遵守状況の監視 国境における停戦遵守状況の監視
1,200	道路・橋などの修理など UNTAC 構成部門などに対する給油・給水 UNTAC 構成部門などの要員に対する給食，宿泊及び作業のための施設の提供，医療
10	ONUMOZ 司令部における中長期的な業務計画の立案並びに輸送の業務に関する企画及び調整
144	輸送手段の割当て，通関の補助その他輸送に関する技術的調整
	医療，防疫，給水活動
	ナイロビ（ケニア）とゴマ（旧ザイール，現コンゴ共和国）の間で，ルワンダ難民救助隊の隊員や補給物資などの航空輸送能力上の余裕を活用して難民救済を実施している人道的な国際機関などの要員，物資の航空輸送
20	UNDOF 司令部における UNDOF の活動に関する広報・予算の作成並びに輸送・整備などの業務に関する企画及び調整
817	食料品などの輸送補給品倉庫における物資の保管，道路などの補修，重機材などの整備，消防，除雪
	UNHCR のための援助物資の航空輸送能力上の余裕を活用し，UNHCR 関係者の航空輸送
	UNHCR のための援助物資の航空輸送
17	軍事部門司令部における施設業務の企画調整および兵站業務の調整など
2,287	PKO の活動に必要な道路，橋などの維持・補修など ディリなど所在の他国部隊及び現地住民が利用する給水所の維持 民生支援業務
	UNHCR のための救援物資の航空輸送
	イラク被災民救済のための物資等の航空輸送

モザンビーク，ゴラン高原，東ティモール，アフガニスタン）の部隊が，輸送，補給面な

表3　国際社会における自衛隊の活動

		派遣期間	人　数
国連カンボジア暫定機構（UNTAC）	停戦監視要員	92.9～93.9	8
	施設部隊	92.9～93.9	600
国連モザンビーク活動（ONUMOZ）	司令部要員	93.5～95.1	5
	輸送調整部隊	93.5～95.1	48
ルワンダ難民救援	ルワンダ難民救援隊	94.9～94.12	260
	空輸派遣隊	94.9～94.12	118
国連兵力引き離し監視隊（UNDOF）	司令部要員	96.2～	2
	輸送部隊	96.2～	43
東ティモール避難民救援	空輸部隊	99.11～00.2	113
アフガニスタン難民救援	空輸部隊	1.1	138
国連東ティモール暫定行政機構（UNTAET）（02.5.20からは国連東ティモール支援団〈UNMISET〉）	司令部要員	02.2～05.6	7（1次司令部要員は10人）
	施設部隊	02.3～05.6	405（1隊及び2次隊は各680人，3次隊は522人）
イラク難民救援	空輸部隊	03.3～03.4	50
イラク被災民救援	空輸部隊	03.7～03.8	98

1　このほか，海上自衛隊(カンボジア，東ティモール)および航空自衛隊(カンボジア，どでの支援活動を実施.
2　ルワンダ難民救援については，このほか先遣隊23名を派遣した.
3　防衛庁・自衛隊のHPより.

救援活動の実績

主な業務内容
ホンジュラス共和国における治療及び防疫活動
本邦からホンジュラスまでの間の医療部隊の装備品などの航空輸送 米国からホンジュラスまでの間の装備品などの航空輸送
トルコ共和国における国際緊急県所活動に必要な物資（仮設住宅）の海上輸送
援助物資の引渡し及び援助物資に関する技術指導
援助物資及び支援部隊などの輸送
援助物資の航空輸送
タイ王国及びその周辺海域における被災者の捜索及び救助活動
国際緊急援助活動等に係る統合調整 国際緊急援助活動等に係る関係機関，外国軍隊等との連絡調整
援助物資等の航空輸送医療・防疫活動
陸上自衛隊の国際緊急援助隊の海上輸送 陸上自衛隊の国際緊急援助隊の活動への支援援助物資等の輸送
援助物資等の航空輸送

ため，復旧要員を別途シンガポールに派遣．
空各自衛隊から同調整所に派遣され業務を行った者（11名）も含む．

表4　自衛隊が実施した国際緊急

		派遣期間	人数
ホンジュラス国際緊急援助活動（ハリケーン災害）	医療部隊	98. 11.13 ～12.9	80
	空輸部隊		105
トルコ国際緊急援助活動に必要な物資輸送（地震災害）	海上輸送部隊	99.9.23 ～11.22	426
インド国際緊急援助活動（地震災害）	物資支援部隊	01.2.5 ～2.11	16
	空輸部隊		78
イラン国際緊急援助活動（地震災害）	空輸部隊	03.12.30 ～04.1.6	31
タイ国際緊急援助活動（地震・津波被害）	派遣海上部隊	04.12.28 ～05.1.1	590
インドネシア国際緊急援助活動（地震・津波被害）	統合連絡調整所	05.1.6 ～05.3.23	22
	医療・航空援助部隊		228
	海上派遣部隊		593
	空輸部隊		82

1　イラン国際緊急援助については，運航途中で機体に故障が発生した
2　インドネシア国際緊急援助の統合連絡調整所の人数には，陸・海・
3　防衛庁・自衛隊の HP より．

画の大綱（二〇〇四年一二月）でも、国際協力活動は重要な位置づけを与えられている。したがって今後も自衛隊の海外派遣は増大するであろう。しかしせっかくの派遣も、活動に制限があることや自己防衛能力の不足などから、諸外国からの評価が期待したほど高くならない可能性もある。じっさい、後述のように現在では単なるＰＫＯ活動にとどまらず、対テロ作戦の支援活動で海外に展開するようにもなっている。現状のような形での派遣を続けていくのは限界にきているとも言えるのである。

多角的安全保障か日米同盟か

防衛庁と外務省の対立

前述のように、冷戦終了後、自衛隊の役割の再検討は遅れていた。湾岸戦争の対応でなかなか手が回らなかった面もあるが、冷戦の終了は主としてヨーロッパ方面であり、中国・台湾関係、朝鮮半島情勢など冷戦下で形成されていたアジア情勢には本質的変化が少なかったことにもよる。ただし、冷戦下における最大の脅威であったソ連の崩壊といった出来事によって、アジア方面での全体的脅威が大幅に減じたことは間違いなかった。冷戦終了後の「平和の配当」を求める機運の中で、欧米を中心に軍縮を求める声が高まっており、それは日本にも及んでいた。

その一方で、前述のようにＰＫＯを中心とした新たな業務が自衛隊に課せられることになっていた。国家の防衛という主任務ではないが、重要な役割として任務は拡大し、それがまた大々的に報じられることで、それが自衛隊の主任務であるかのようになっていくのである。したがって、冷戦終了後の自衛隊の役割は、まず軍縮と国際協力という二つの方向から論じられることになった。しかし、軍縮といってもどれほどの規模が適正であるのかは、冷戦後の国際環境に適応した安全保障政策を策定し、その中で自衛隊の役割はどういったことであるかを明確にする必要がある。役割が明確でなければ、どのような構成にすべきかの議論はできないのである。そして冷戦後の日本の安全保障政策を考える場合、当然問題になるのが日米安保体制の位置づけであった。

実はこの点について、防衛庁と外務省の考え方が対立していたのである。それは国連の再評価も含む多角的安全保障論と日米安保中心主義の対立であった。前者が防衛庁、後者が外務省である。国連の機能不全が、主として冷戦による米ソ対立で安保理の活動が制約されていたことによる面が大きかったということから、冷戦の終了で国連の機能や役割が見直される機運が高まっていた。そうした中で、日米安保を日本の安全保障の基軸にすえながらも、国連のＰＫＯへのより積極的参加などを通してグローバルに多角的な安全保障協力を進めていこうというのが防衛庁の考え方であった。このような多角的安全保障協力への関心は、八〇年代の防衛庁幹部の中にすでに存在していた。これに対して、あくまで日米安保を中心に、地域的安全保障や日本防衛を考えるべきだというのが外務省の立場である。前者の多角的安全保障協力を進めた場合、日米安保基軸とは言いながらも、国連の関係もあって日米安保の色合いは薄められることになる。外務省は日米安保の比重が軽くなることには絶対反対であった。

この点は、日米安保体制を見る防衛庁と外務省の視点の差が影響していた。日本の防衛を日米安保体制に全面的に依存していた六〇年代ごろまでの防衛官僚とは異なり、防衛庁生え抜きで八〇年代に幹部となっていた防衛官僚たちは、六〇年代後半から七〇年代にかけての自主外交・自主防衛をめぐる議論の中で育っていた。対米追随批判と軍国主義復活批判という中で、日本にふさわしい防衛力のあり方を模索したのが彼らであり、その中で生まれたのが「基盤的防衛力構想」を前提とした「第一次防衛大綱」であった。これは日米安保体制を抑止力と位置づけ、日米安保の存在を前提としながらも、その中で日本の防衛力の役割を明確にするために策定されたものであった。したがってその内容は、本土防衛を中心に日本自らの自主性がきわめて強く表現されていた。

たとえば日本に対する直接侵略があった場合、「直接侵略事態が発生した場合には、これに即応して行動し、防衛力の総合的、有機的な運用を図ることによって、極力早期にこれを排除することとする。この場合において、限定的かつ小規模な侵略については、原則として独力で排除することとし、侵略の規模、態様等により、独力での排除が困難な場合にも、あらゆる方法による強靭な抵抗を継続し、米国からの協力をまってこれを排除することとする」とされていたのはその典型である。五〇年代の反米基地運動や六〇年の安保騒動にみられるように、ナショナリズムが反米の形で現れやすい日本の中で、日米安保を中心に考えながらも防衛力整備を進めてこなければならなかった防衛官僚にしてみれば、日米安保に完全に依存してしまう形では防衛力整備ができないという危機感があったようである。しかしこうした意識は、日米安保基軸を絶対視する外務省には理解し得なかった。こうした意見対立を背後に持ちつつ、冷戦後の安全保障政策が本格的に再検討されていくのは、実は国内政治の大変化、すなわち五五年体制の崩壊による政界再編という事態を迎えてからであった。

樋口懇談会

軍縮と国際協力という二つの方向から始まった日本の防衛力の再検討が、新しい防衛大綱の策定といったことにまで拡大されたのは、湾岸戦争以来、防衛問題に関するタブーが少なくなってきていたこと、五五年体制の崩壊によってこれまでの野党勢力が政権に参加することで現実的な政策対話が進められやすくなったことが大きい。とくに、非武装中立を長い間党の基本方針としていた社会党（現・社民党）の委員長村山富一が首相となり、日米安保を認め、自衛隊を合憲とする政策転換を行なった意義は重要である。これによって、主として防衛庁内局を中心に議論されていた日本の防衛政策が、広く政治の場で議論されていく条件がようやく成立していくことになったのである。

さて、新防衛大綱の制定までを視野に入れた場合、非常に大きな役割を果たしたのが、細川内閣のときに設置された樋口懇談会であった。細川内閣は五五年体制が崩壊した後に誕生した非自民連立内閣で、首相となった細川護熙《ほそかわもりひろ》は軍縮を念頭におきつつ、日本の安全保障政策の再検討を行いたいと考えていたと言われている。そして細川内閣の下で、日本の安全保障政策の再検討を行なったのが、アサヒビールの樋口廣太郎会長を座長とする「防衛問題懇談会」（通称：樋口懇談会）であった。樋口懇談会のメンバーは次のとおりである（肩書きは当時のもの、カッコ内は主要な前職である）。

座長　樋口廣太郎　アサヒビール会長
座長代理　諸《もろ》井《い》　虔《けん》　秩父セメント会長
委員　猪口邦子　上智大学教授

大河原良雄《おおかわらよしお》　経団連特別顧問（元駐米大使）
行天豊雄《ぎょうてんとよお》　東京銀行会長（元大蔵省財務官）
佐久間一《まこと》　NTT特別参与（元統合幕僚会議議長）
西廣整輝《にしひろせいき》　東京海上火災顧問（元防衛事務次官）
福川伸次　神戸製鋼副会長（元通商産業事務次官）
渡邊昭夫《あきお》　青山学院大学教授

この懇談会は、細川首相が日本の防衛政策の現状について防衛問題関係者に話を聞いていくうちに、防衛庁主導で結成されていった。その際、イニシアチブをとっていたのが委員にも任命された西廣であった。西廣は防衛庁生え抜き組ではじめて次官に就任した人物で、海原治、久保卓也《くぼたくや》と並んで防衛庁を代表する防衛官僚の一人である。西廣は基盤的防衛力構想と第一次防衛大綱の策定にも深く関与しており、防衛庁退官後も大きな影響力を持っていたと言われる。懇談会報告書の素案を書いたのは西廣とは以前から親しかった渡邊であり、懇談会の議論には当時の防衛庁の意向が大きく反映していると見ていいだろう。

しかし、懇談会の議論が最初から完全にまとまっていたわけではなかった。それが前述の防衛庁と外務省の意見対立で触れた多角的安全保障協力の問題であった。外務省側からも元駐米大使の大河原が委員に入っており、多角的安全保障協力をめぐって日米安保中心主義の立場から議論が行われた。最終的には、防衛庁の考え方を反映した形で渡邊の下で草案が作成され、「日本の安全保障と防衛力のあり方――二一世紀へ向けての展望」と題する報告書がまとめられたと言われている。ちなみに、懇談会設置は細川内閣であったが政界の変動は激しく、報告書は社会党の村山内閣に提出された。

では、その具体的内容はいかなるものであったのだろうか。報告書は多様な問題に触れているが重要な提言について簡単に述べると、第一に世界的ならびに地域的な多角的安全保障協力を促進すること、第二に日米安保の機能を充実すること、第三に、信頼性の高い効率的な防衛力を保持して能動的・建設的な安全保障政策を追求すること、といったことである。

実はこの提言が米国に衝撃を与えた。多角的安全保障協力に対する高い位置づけが、日本の日米安保離れを示したものと受け取られたのである。日本は米国のアジアにおけるプレゼンス維持について信頼していないのではないかという不安が、米国の安全保障関係者の間に生じた。ここから日米間で安保対話が進んでいくことになるのである。

当時の米国は民主党のクリントン政権であった。クリントン政権は経済重視を掲げて現職のブッシュ大統領を破った政権で、当初は日本との安保協力に関心が薄かったと言われている。しかし日本の経済状況の悪化や日米包括経済協議問題等の懸案の一応の決着などで、日本との経済対立が峠を越えた段階が日本の政界再編の時期と重なっていた。また後述の東アジアの安全保障情勢の混乱といった問題もこの時期に生じてきている。そういったことを背景に米国内で日米安保再評価機運が高まっており、まさにその時期に発表されたのが前述の樋口レポートであった。

ナイ・イニシアチブ

米国は国防総省の知日派を中心に、日本の考え方の確認を急ぐ一方で、日本だけでなく韓国なども米国のアジアプレゼンスの後退を懸念している恐れがあると考え、早急にアジア方面における戦略をまとめていく。その中心が、ハーバード大学教授から国防次官補に就任していたジョセフ・ナイである。ナイはペリー国防長官の了解の下、米国のアジアプレゼンスを明確にした戦略をまとめるのである。ナイ・イニシアチブと呼ばれる米国の新たな東アジア戦略は、樋口レポートが出た半年後の九五年二月「東アジア戦略報告」（EASR）というレポートにまとめられた。

ナイ・レポートとも呼ばれるこの報告書の特徴は、日本の役割に対する高い評価と、東アジアにおける一〇万人体制の維持表明という東アジアでのプレゼンス維持の明確化である。しかも、ナイ・レポート作成過程における米国の東アジア戦略の再検討のプロセスで、米国の安全保障関係の知日派と、日本の防衛庁企画官クラスを中心とした官僚たち（とくに米国に駐在していた「ジャパン・デスク」とも言われる知米派たち）が緊密な意見交換を行なっていたのは重要である。

米国の樋口レポートへの懸念は、こうした意見交換の中で頻繁に伝えられた。ナイ・イニシアチブの中で日本に高い評価を与え、東アジアでのプレゼンス維持を明確にした米国に対して、樋口レポートは何も日米同盟を軽視したわけではないこと、多角的安全保障協力も日米安保を中心にすえていることも伝えられた。しかし米国の懸念を払拭するためには、樋口レポートを修正する形で、そしてより明確な形で日米安保重視の姿勢を示さなければならないという機運が高まってくる。ちょうど朝鮮半島核危機など、日米安保体制の機能を再確認する必要性が生じたこともあって、日米安保体制を中心にすえた冷戦後の日本の防衛政策の再検討が行われることになった。それが新らしい防衛大綱の策定であり、日米安保共同宣言につながるのである。

防衛大綱の改定

防衛庁は九四年二月、庁内に「防衛力のあり方検討会議」を設置し、約二〇年ぶりとなる防衛大綱の改定作業を開始した。このときの議論の前提にあったのは先述の「樋口懇談会」のレポートだが、「樋口レポート」が出された後もこの検討会議の議論は続けられた。会議のメンバーは防衛庁長官、政務次官、事務次官、官房長、防衛局長、統幕議長、陸上幕僚長、海上幕僚長、航空幕僚長であった。これまで内局とくに防衛局が中心になってまとめることになっていた防衛政策を、制服組も参加してまとめていくやり方自体はこれまでにないことと言える。その結果、九五年一一月に成立した「防衛大綱（九五年）」（以後、「第二次大綱」）は次のような特徴を持っていた。

第一に、冷戦終了時点から議論が出ていた「軍縮」の問題について、主として陸上自衛隊の「効率化」による削減を中心に、一定の方向が示されたことである。自衛隊の効率化による縮小はすでに出ている話であったし、一度も編成定員に達していないという状況もあって陸自を中心とした削減という方向性は決まっていた。ただ、陸自のみが縮小というわけにもいかないので海空も削減になったが、やはり一番削減幅が大きいのは、人員が一番多い陸自であった。これによって編成定員一八万人が一六万人になる（表5参照）。

特徴の第二は、自衛隊の役割の増大の明確化である。冷戦終了で注目を浴びた国際協力

表5　大綱別表における整備目標の推移

	区　分	1976年大綱	1995年大綱	2004年大綱	対76年比(%)	対95年比(%)
陸上自衛隊	編成定数(人)	18万	16万	15.5万	約86	約97
	戦　車(両)	約1200	約900	約600	約50	約67
	火　砲(門)	約1000	約900	約600	約60	約67
海上自衛隊	護衛艦(隻)	約60	約50	47	約75	約90
	潜水艦(隻)	16	16	16	100	100
	作戦用航空機(機)	約220	約170	約150	約70	約88
航空自衛隊	作戦用航空機(機)	約430	約400	約350	約80	約87
	うち戦闘機(機)	約350	約300	約260	約75	約87

が大きく取り上げられ、また阪神淡路大震災など大規模災害等への対応も重要な任務として掲げられた。先に見たように、自衛隊の効率化という形での縮小が図られる一方で、国際協力や災害対応、さらに後述の周辺事態問題など、その任務は拡大の一途をたどっていく。

第三が、日米安保体制重視の姿勢である。新防衛大綱策定以前に、多角的安全保障協力を重視する立場と、日米同盟を重視しそれを薄めることを認めない立場の二つが対立していたことは前述した。前者は防衛庁であり、後者は外務省であった。樋口レポートは前者の立場を鮮明にしたものであったが、それが日本の日米安保離れに対する米国の予期せぬほどの不信感を呼んだ。新大綱はそうした米国の不振を払拭するかのように全面的に日米安保を強調したものになっていた。それはたとえば、七六年の第一次大綱で日米安保体制に言及したのが一回であったのに比べ、第二次大綱では一三回に及んでいることでも明らかである。全体で、これでもかというほど「日米安保体制の信頼性」という言葉がでてくるのである。

しかも、周辺事態への対処が第二次大綱には織り込まれた。前述の朝鮮半島問題に代表される東アジア情勢が大きく反映して、日本本土防衛にとどまらない日米安保協力の必要性が高まったためであった。それが第二次大綱で明確になったことで、日米間で日米安保共同宣言、新ガイドライン策定といった具合に、新たな日米協力の具体化に向けて議論が進められていくことになる。七八年の旧ガイドラインとの相違点を一言で言えば、今回はその具体化に向けてすぐに動きが始まったことであろう。こうして日米協力は再度進展し、日米安保再定義あるいは再確認の中で日米協力の具体化が進められるのである。

日米安保再定義の中で

第二次大綱と基盤的防衛力

前述したように、第二次大綱は日米安保体制重視を全面的に明らかにし、さらに自衛隊の活動の拡大も表明したものであった。そして制定後一五年程度の間の防衛政策に関する基本方針を定めたものとして期待されていた。しかし実際は一〇年に満たない期間で再検討になり、さらに新しい大綱に変わることになった。それは9・11に象徴されるような新しい脅威の出現といった事態への対応が後押しした部分も大きい。しかし問題はそれにとどまらない。実は第二次大綱制定時ではまだ冷戦後の国際秩序で不明確なものもあり、したがって日本の防衛力のあり方に関して議論が不十分であった部分もあるのである。この点を、第一次大綱で防衛力整備の前提となった「基盤的防衛力構想」との関係で見てみよう。

実は第二次大綱も防衛力整備の考え方として「基盤的防衛力構想」を踏襲すると表明していた。たしかに、冷戦が終了したことで、日米海軍によるシーレーン防衛（この場合は防衛地域分担を意味する）という防衛協力を推進する必要性はなくなった。ソ連という仮想敵から日本列島を盾にして太平洋方面への侵攻を防ぐ必要がなくなったからである。八〇年代中期以降は、基盤的防衛力構想の前提である「限定小規模」の直接侵略に対処する防衛力という考え方を越えた、日米海軍の協力体制構築に必要な防衛力整備が進められてきたわけだが、そのような防衛力整備の条件が変わったことで、再度日本本土防衛が注目され、基盤的防衛力構想が再評価されたことは不思議ではない。

しかし第二次大綱では、基盤的防衛力構想の前提となる「限定小規模」の直接侵略への対処という方針自体は捨てられていた。しかも第一次大綱では自らの国を守る気概の表明として、次の（A）のように書かれていた部分が（B）のように改められていた。

（A）　直接侵略事態が発生した場合には、これに即応して行動し、防衛力の総合的、有機的な運用を図ることによって、極力早期にこれを排除することとする。この場合において、限定的かつ小規模な侵略については、原則として独力で排除することとし、侵略の規模、態様等により、独力での排除が困難な場合にも、あらゆる方法による強じんな抵抗を継続し、米国からの協力をまってこれを排除することとする。（傍線引用者）

（B）　直接侵略事態が発生した場合には、これに即応して行動しつつ、米国との適切な協力の下、防衛力の総合的・有機的な運用を図ることによって、極力早期にこれを排除することとする。

傍線部がまるごと消されているのがわかるだろう。第一次防衛大綱は本土防衛中心に日本なりの自主防衛のあり方を模索して誕生したものであった。しかし、日米安保体制を強調した第二次大綱では防衛に関する自主の姿勢は消えていた。限定小規模という仮定が非現実的であり、日本侵略という事態になった場合、必ず米軍との共同行動になるわけであるから傍線部分は不要であると考えられたようであった。しかし自国の防衛について自主の姿勢を欠いてよいのかという批判は第二次大綱制定後すぐに表面化している。実際、新しい脅威としてのテロその他の脅威にしても、全てが最初から最後まで米軍と共同して行動するものばかりではない。日本が独自に対処しなければならない問題も生じてくるはずである。そのとき、全てを日米安保体制の中で考えることで有効な防衛体制が築けるのかという問題が起きてくるのである。

さらに、基盤的防衛力構想の基準である「限定小規模」を排除した場合の基盤的防衛力が、何を想定して構想されるのかが不明確であった。拡大する役割を横目で睨みつつ、効率化の名の下に縮小化される中で、どのような脅威を前提として防衛力が構築されるのかは不透明だった。これは本来、統合幕僚会議が強化され、統幕の下で基本的脅威が想定されて各自衛隊の役割が明確化されていかなければならなかったが、統合強化は毎年のように叫ばれながらも遅々として進まなかった。結局、全体を縮小する中で新たな役割に対応した装備の購入といった方策がとられていく。後述のように、防衛問題に関する政治の関心がこの時期以降顕著になっていくものの、装備の内容や効率にまでこの時期はまだ関心が不十分であった。全体としてみれば第二次大綱はやはり冷戦終了後の混乱期を経て、新たな脅威が明確になってきている現在の段階までの過渡期的性格を有するものであったと言えるだろう。第二次大綱が想定した国際情勢より、状況の変化が激しかったとも言える。

以上のように、基盤的防衛力構想を踏襲するとは言いながら、自衛隊の主任務である防衛に対応する自衛隊の姿は不明確であった。その一方で、具体的内容にまで踏み込んで検討されていたのが新ガイドラインの問題であった。

周辺事態と新ガイドライン

前述のように九三年に五五年体制が崩壊し、細川内閣が成立した。この時期から日本政治は政界再編という激動期に入る。そして防衛問題についても、翌年二月に樋口懇談会が設置され、冷戦後の防衛政策の本格的検討が行われていく。まさにこの時期が北朝鮮をめぐる核危機と重なっていたことは前述した。それが日米安保体制の重要性を再認識させたのと同時に、日米協力の具体化の必要性を再確認させる結果にもなった。そして第二次大綱が成立した翌年九六年三月、台湾における初の総統直接選挙を妨害するためと思われる軍事演習を、中国が台湾近海で行なった。ミサイル発射訓練、海空の実弾演習が三月五日から同二五日までの間展開された。台湾海峡の緊張がこれ以上進むことを警戒した米国は空母を派遣。台湾の選挙後、ようやく事態は落ち着きを取り戻したが、こうした国際情勢が第二次大綱で織り込まれた「周辺事態対処」に関する日米協力の具体化を後押ししたことは間違いない。それが九七年九月の新ガイドラインへと結実していくのである。

旧ガイドラインと比較して新しいガイドラインの特徴は、六条事態といわれる「周辺事態」への対応が当初から念頭に置かれていた点と、実際にそれを実効あるものにするための法的整備なども行われたことである。旧ガイドラインは、国内情勢を配慮して五条の本土防衛問題が中心であったし、六条事態まで含めた法的整備はほとんど進められなかった。その背景には、後述の政治の積極的関与という問題があるが、ここではまずその内容の問題から見ていきたい。

新ガイドラインでは、（1）平素から行う協力、（2）日本に対する武力行動に際しての対処行動、（3）周辺事態での協力、という三つの状況での日米協力が決められたが、そのうちで最も重要なのが（3）の周辺事態での協力である。そして「周辺事態における協力の対象となる機能および分野」は①日米両国政府がおのおの主体的に行う活動における協力、②米軍の活動に対する日本の支援、③運用面における日米協力、の三つが考えられた。①は言わば主権国家として当然行うべき国民の保護や国際的活動に関する日米協力のあり方を取り決めたもので、該当地域に存在する自国民保護など周辺事態と考えられるような問題が起った場合でも早い段階での協力に属するものである。こういった問題でも、具体的なことはほとんど考えられていなかったというのが実は現状であった。

さて、周辺事態とは何か、地理的概念か否かという議論が中国との関係で執拗に行われ、政治問題化した。安全保障問題全般から考えると確かに周辺事態とは何かということは重要であるが、新ガイドラインで自衛隊から見た場合に最も問題になるのは、周辺事態に本格的対応を行う場合の②に属する協力であった。日本がその場合行うのは、ほとんど「後方地域支援」と言われる分野である。しかしそれが広範な分野にわたっていることは、資料編二七四頁以下を見れば明らかだろう。当然、憲法の枠の中で行うことを前提として考えられた項目でも多岐にわたっている。自衛隊の能力から見ると対応は可能であると思えるものの、効率化・削減が求められる中でこういった事項への対応が求められることになったわけである。実際にどのような事態が生じるのかにもよるが、自衛隊の役割のさらなる拡大であることは間違いない。

さらに、新ガイドラインの策定は関係法案の整備の必要性をもたらした。現行憲法の枠内の事項とはいっても、具体的に実行するには法的に未整備なことが多かったからである。こうしたことは、官僚だけでは不十分であった。旧ガイドラインが、それを積極的に推進した丸山次官が辞めた後、後任に推進派がおらず法的整備が遅れたことはその最たる例である。新ガイドラインの場合は、翌年の周辺事態法をはじめとした法的整備が進められていく。それは冷戦終了を経て、政界再編を経験する中で、ようやく安全保障問題の重要性が一般にも認識されるようになり、政治の積極的関与も行われるようになったからであった。

積極的なシビリアン・コントロールへ

五五年体制の崩壊以降の政界再編はそもそも政治改革がきっかけであった。ロッキード事件以来、政治と金にまつわる問題が繰り返し発生し、長期政権と予想された竹下内閣もリクルート事件により倒壊した。参議院では過半数を割り、支持率低下に苦しんだ自民党の内部では政治改革によって政治と金の問題を解決すべきだという声が高まってくる。そうした政治改革を求める声が高まる時期と、冷戦終了・湾岸戦争の時期が重なってくる。政治改革は単に政治と金という問題にとどまらず、新しい時代に適応した政策決定システムの問題としても浮上してくるのである。

結局、政治改革の中心は、自民党の派閥政治の温床となった中選挙区制の改革といった問題に収斂していく。同一選挙区から同じ党の候補者が複数立候補する中選挙区では、選挙区サービスをはじめとした候補者個人の人気が選挙を左右することになり、党の政策をめぐって選挙が行われることはない。こうして、五五年体制崩壊後、政策中心の政治にするべく小選挙区制が採用される。小選挙区制採用によって、政策中心の政治になるか、選挙区サービス型政治が終焉するかは議論が分かれているが、少なくとも自民党政治の特徴であった派閥は弱体化し、政党間の政策論争が活発化したことは間違いない。しかも米ソ対立の中で決着のつかない神学論争のような防衛問題の議論をしていた冷戦時代と異なり、湾岸戦争以来、自衛隊派遣問題、朝鮮半島核危機をはじめとして安全保障問題は日本の具体的対応も問題となる重要な政治争点となっていた。

こうした中で、前述のように社会党が政権に参与することになったことは重要である。安全保障に関する議論にタブーがみるみる減少していったのである。かつて、具体的な防衛政策に関して議論をすること自体がはばかられる雰囲気すらあったことから比べると、大変な変化であった。ただ、第二次防衛大綱の策定期はたとえば約二年の間に防衛庁長官が四名も交代するなど、政界のまさに激変期に当たっていた。この時期はどちらかと言えば官主導で事態は進んでおり、第二次大綱の内容もそうであるように、官主導から政治の積極的関与に至る過渡期に当たっていた。しかし、自社連立政権ができるころになると、政界の激動も少し落ち着きを見せ始め、しかも朝鮮半島危機や台湾海峡問題など相次いで国際問題も発生し、政治の関与も大きくなっ

図20　沖縄の県民総決起大会
（毎日新聞社提供）

ていくのである。

自衛隊の問題を対象とする本書では扱うことができなかったが、この時期には九五年九月の少女暴行事件をきっかけとする沖縄の在日米軍基地撤去を求める県民運動の激化という問題も起きている。基地と兵隊の交換を基本的性格とする日米安保体制において、在日米軍基地の七五％が集中する沖縄での基地返還要求は日本の安全保障に直接関わる問題でもあり、これこそまさに政治の対応が迫られた課題であった。こうした課題には官僚だけで応えることはできないのである。日米防衛協力の具体化が迫られる中で、否応なく政治の決定が必要とされていった。

ただ、政治の関与が積極化したからといって、それですぐに政治が具体的な政策内容にまで踏み込んで官僚に代わって大きな役割を果たしえたわけではない。しかし従来であれば防衛問題に関する決定から身を遠ざける傾向にあった政治が、官僚のお膳立てがあるとはいえ積極的に政策に関与し、決定していくことになったわけである。六条事態を前提とする新ガイドラインの策定や周辺事態法の制定は政治の支持なくして行えることではなかった。

しかも、九八年八月には北朝鮮が日本本土を越えるミサイル発射を行なって、国民の不安を巻き起こし、九九年には能登半島沖の北朝鮮のものと思われる不審船に海上自衛隊による初めての海上警備行動が発令されるなど、国民の防衛問題に関する危機感が醸成されていた。このような中で、政治もこれまでは躊躇していた決断を下すようになっていったのである。それは、海上警備行動発令に見られるように、自衛隊を使わないようにするという「消極的シビリアン・コントロール」から、どのような場合にどう使うかという「積極的シビリアン・コントロール」へ大きく転換していったことを意味していた。ただ、「使える自衛隊」にするためには大きな宿題が残っていた。それが有事法制である。

新しい脅威と新防衛計画大綱

活動できる自衛隊へ

一九六五年の三矢研究事件以来、有事法制研究はいわば政治のタブーとなっていた。旧ガイドライン策定を進める福田赳夫《ふくだたけお》内閣のときに有事法制研究が進められることになり、栗栖弘臣統幕議長の超法規発言などもあって、この問題は一般の関心を集めた。八一年に防衛庁所管の法令（第一分類）に関する中間報告、八四年に他省庁所管法令（第二分類）に関する中間報告、八八年に所管官庁が明確でない事項に関する法令（第三分類）に関する中間報告が行われたが、他省庁が防衛問題に巻き込まれることに消極的だったことや、法制化までもっていくエネルギーが政治にまだなかったため、結局研究段階で終わっていた。有事法制を制定しようとしているのは実際に自衛隊を使うことを考えているからだという批判を、いまだ消極的シビリアン・コントロールの段階にあった政治は乗り越えられなかったのである。

こういった状況が大きく変わったのが九〇年代半ば以降である。ＰＫＯで実際に自衛隊が活躍し、それが国際的に評価されることで、何が何でも自衛隊は使わないという意見は力を失った。そして政界再編で前述のように政策をめぐる政党間の議論が盛んになるとともに、安全保障問題が具体的課題として国民の関心を集めるようになっていった。東アジア危機を背景に日米協力の具体化が進み、新ガイドラインの制定が行われる段階になると、自民党安全保障調査会は九七年七月に「ガイドラインの見直しと新たな法整備に向けて」を発表し、有事法制のさらなる研究と立法化に向けた努力を提言した。ようやく政治も有事法制の具体的立法化への機運が高まってきたわけである。

そして九九年から翌年にかけて、周辺事態法をはじめ周辺事態に対処する法制が整備される一方で、先に整備されておくべき自国の有事の場合の法整備が遅れていることが問題になっていく。すなわち、本来であれば自国の防衛に関する法整備が先にあって、それから国際的な協力活動に関する法整備を進めていくのが当然であるのに、日本の場合はＰＫＯでも周辺事態でも日本の本土外での自衛隊の活動に関する法整備が先に行われるという逆立ちした状況になっていた。これは有事法制という本来は第一にあたるべきではあるが、国内的に波紋を起こしそうな課題は先送りして、次々に押し寄せる別の課題に対症療法的に対応していった結果であった。日本の、課題先送り・状況対応型の政治行動がここによく現れている。

二〇〇〇年三月、自民・自由・公明の三党は有事法制整備推進について合意する。森喜《よし》朗《ろう》首相は四月の所信表明演説で有事法制に触れ、翌年一月の施政方針演説で有事立法の検討開始を表明するに至る。その後、小泉内閣の成立、9・11事件発生という激動を経て、二〇〇三年六月、有事（武力攻撃事態）関連三法案は成立する。衆議院は約九〇%、参議院は約八四%という圧倒的多数の賛成を得ての成立であった。与野党対立で審議ができなかった冷戦時代から、大きく時代が変わったことを象徴している。いずれにしても、本土防衛という自衛隊の基本任務を行う場合の法的整備が、自衛隊成立後半世紀近くたってようやく成立したわけである。

9・11と自衛隊

二〇〇一年九月一一日に起きた米国に対する同時多発テロは、その後の安全保障に関する考え方や対応を大きく変えたと言っていいだろう。米国はテロを実行したとされるテロ・グループ「アル・カイーダ」をかくまったとしてアフガニスタンを攻撃し、タリバン政権を倒壊させる。さらに湾岸戦争以来の因縁があるイラクのフセイン大統領に対し、大量破壊兵器を隠し持っている疑いがあるとしてイラク攻撃に踏み切る。自衛権の発動としての「予防戦争」が公然と語られただけでなく、現在最強の軍事力を誇る米国によって実際にそれが発動されたわけである。

9・11以後の米国の行動、とくにイラク攻撃について、その是非は今後も議論されていくことになるだろうが、自衛隊との関係でも重要な問題があった。すなわち、これまでは国連の平和維持活動の枠組みの中で行われていた自衛隊の国際協力活動が、対テロ作戦という名の下でも実施されるようになったことである。すなわち、テロ対策特別措置法という時限立法が行われ、後方地域支援で実際の戦闘には参加しないという原則の下ではあるが、対テロ戦争支援活動をその現場で行うことになった。これは自衛隊の歴史で言えば画期的な変化と言えよう。

特に問題となるのがイラクの場合である。自衛隊の活動は後方における人道復興支援が目的である。しかしブッシュ大統領の戦争終了宣言後も、イラクでのテロなどの戦闘は続き、戦闘地域には自衛隊を派遣しないという基本方針をめぐって与野党が対立している。自衛隊派遣の根拠法であるイラク人道復興支援法の立法趣旨からすると、「我が国領域及び現に戦闘行為（国際的な武力紛争の一環として行われる人を殺傷し又は物を破壊する行為をいう。以下同じ）が行われておらず、かつ、そこで実施される活動の期間を通じて戦闘行為が行われることがないと認められる」地域という表現は、憲法が禁止した戦闘行為すなわち「国または国に準ずる組織が、組織的計画的な武力行使を行なっている」地域ではないというのが政府の法律上の定義である。

この定義によれば、国家でも準国家的組織でもないテロ組織の活動は戦闘行為ではなく、どんなにテロが行われていても法律上は非戦闘地域である。したがって非戦闘地域がイコール安全地帯であるわけでもない。テロが行われているから戦闘地域であるという批判は法律上の定義を知らないものとして否定されるわけである。たしかに、法的にはそうであろう。しかしそれでよいのであろうか。

国家間戦争の脅威が大幅に減少したといわれる一方で、現代の最大の脅威の一つが、国際的なネットワークを持つテロ活動とされている。テロ組織の持つ武器も破壊力を増し、軍事組織と遜色のないものも存在する。テロ組織が本気で自衛隊を攻撃しようと計画した場合、相当の被害が出ることも予想される。それは、ペルシャ湾、カンボジアといった不安定ながらも一応停戦が成立した段階から始まったこれまでの国際協力活動とは異なり、厳しい条件が課せられている危険な地域に自衛隊が出動したということである。つまり、法的説明と現実の間にズレが存在しているのである。

危険な地域であっても、国益上必要とあれば出動するのが軍事組織の役目であり、危険な地域であるからこそ、民間ではなく軍事組織である自衛隊が出動したわけである。しかし政府の法的説明は、憲法の枠内における活動であることを明確にするために行われている観が強い。別の見方をすれば、憲法に合わせて自衛隊派遣の姿を決めるのは、もはや限界にきているとも言えるのである。

新たな脅威と
荒木懇談会

9・11に象徴されるような国際的なテロの激発や民族紛争など、二一世紀の安全保障環境はきわめて複雑で多様化している。日本に直接関係している東アジアでも北朝鮮の核開発問題、中国・台湾関係、さらに資源開発を背景とする領土問題など、不安定材料には事欠かないという厳しい状況となっている。古典的な国家間戦争の脅威は大幅に減じたが、国際的なネットワークを持ち強力な兵器を持つテロ組織の脅威はきわめて大きくなっている。国家間戦争自体も、以前の世界大戦のような戦争は可能性が低いが、資源や領土をめぐる紛争で武力が行使される可能性がなくなっているわけでは決してない。つまり、従来のような国家間戦争という脅威も完全になくなったわけではなく、一方でテロをはじめとした新たな、しかも現実のものとなる可能性が高い脅威は増大しているのである。

こうした新たな脅威を前にしたとき、冷戦終了後に改定された防衛大綱では、もはや対応できない状況が現れてきた。そこで、新たな脅威の時代に対応した、日本の防衛力のあり方を検討することになり、二〇〇四年四月に設置されたのが「安全保障と防衛力に関する懇談会」（通称：荒木懇談会）であった。懇談会のメンバーは次のとおりである。

座長　荒木　浩　東京電力顧問
座長代理　張《ちょう》　富士夫　トヨタ自動車株式会社取締役社長
五百旗頭《いおきべ》　真《まこと》　神戸大学法学部教授
佐藤　謙　都市基盤整備公団副総裁（元防衛事務次官）
田中明彦　東京大学東洋文化研究所教授
西元徹也　日本地雷処理を支援する会会長（元防衛庁統合幕僚会議議長）
樋渡《ひわたり》由美　上智大学外国語学部教授
古川貞二郎　前内閣官房副長官

柳井俊二　中央大学法学部教授（前駐米大使）
山崎正和　東亜大学学長

新しい防衛大綱の策定に向けた基本的な安全保障戦略を検討するこの懇談会は、二〇〇四年四月から一〇月まで一三回の会合を開き報告書を作成して小泉純一郎首相に提出した。その内容は、複雑・多様化する安全保障環境の中で、第一に日本への直接的脅威が及ばないようにすること、あるいは及んでも最小化すること（日本防衛）、第二に世界各地における脅威の発生確率を減らすこと（国際的安全保障環境の改善）という二つを目標とした統合的安全保障戦略が必要になるというものであった。そして、この戦略目標を達成するために、①日本自身の努力、②同盟国との協力、③国際社会との協力、という三つのアプローチを組み合わせることを提唱していた。

九五年の第二次防衛大綱が日米安保偏重と思えるくらい日米安保中心の姿勢を表明している反面、自主的な姿勢が薄いものであったのに対し、①は新たな脅威の前に自ら行うべきことが増大したことを背景にして主張されたものと言える。また、第二次大綱をまとめる前の樋口懇談会のレポートで提唱されていた多角的安全保障協力の考え方が、③という形で再び明確に提唱されているのも注目される点であった。

さて、この報告書で日本が持つべき防衛力に関しては、従来の「基盤的防衛力」（日本が力の空白になって侵略を誘発することを防ぐために一定規模の軍事力を保有するというもの）の考え方の有効な部分は引き継ぐものの、現在の安全保障環境ではそれだけでは不十分であり、「多機能弾力的防衛力」という考え方を提唱していた。その内容は次のように述べられていた。少し長いが、重要なので引用しておきたい。

自衛隊の保持すべき能力とは、統合的安全保障戦略で検討したさまざまなアプローチに貢献する能力だということになる。日本防衛という観点からいえば、弾道ミサイルをはじめ、国家間紛争に起因するさまざまな脅威への即応対処能力や情報収集・分析能力、さらには伝統的脅威の復活の可能性にも備えた一定程度の「基盤的」能力を持たなければならず、非国家主体からのテロなどへの対応能力も持たなければならない。大規模災害への対処能力は継続して維持強化しなければならない。また日米同盟関係を有効に機能させるための適切な役割分担を行うことも必要である。加えて、周辺国との信頼醸成に努め、可能な地域的協力を進める必要がある。さらに、国際的安全保障環境の改善という観点からいえば、有効な国際平和協力活動を行う能力が必要である。そのための日米協力や諸外国との安全保障対話などへの参画も必要とされる。

今後の防衛力はこのように多くの機能を果たしうるものでなければならないのである。こうして多用な能力が自衛隊に期待されているわけである。ただし、少子化や財政問題という制約もあり、現在の組織の運用や組み合わせ、同盟国との協力体制の見直しなどによってさまざまな機能を有効に果たすための体制作りの重要性が指摘されていた。自衛隊のこれまでの実績などを考えれば、規模を拡大することなく、多くの機能を果たすことは可能と考えられたわけである。では、この報告書の提言をもとに策定された新防衛計画の大綱はどのような内容になったのだろうか。

第三次防衛大綱の決定

二〇〇四年一二月に安全保障会議ならびに閣議で決定された「平成一七年以降に係る防衛計画の大綱」（以下、第三次大綱）は荒木懇談会の基本的考え方を踏まえたものになっている（資料参照）。その内容は、「我が国の安全保障の第一の目標は、我が国に直接脅威が及ぶことを防止し、脅威が及んだ場合にはこれを排除するとともに、その被害を最小化することであり、第二の目標は、国際的な安全保障環境を改善し、我が国に脅威が及ばないようにすることである」と荒木懇談会の提言を基本方針にすえ、さらに「安全保障政策において、根幹となるのは自らが行う努力である」と自主性を明確にしている点、さらに防衛力に関する基本的考え方も荒木懇談会報告書の提言をいかした形になっている点に特徴がある。

具体的には、荒木懇談会の多機能弾力的防衛力の考え方を踏まえて、（1）新たな脅威や多様な事態への実効的な対応については、弾道ミサイル攻撃、ゲリラや特殊部隊による攻撃、島嶼《とうしょ》部に対する侵略、周辺海空域の警戒監視及び領空侵犯対処や武装工作船等、大規模・特殊災害等の問題をあげ、それへの対応能力の整備を述べていた。また、（2）本格的な侵略事態への備えとしては、冷戦型装備の転換を図るとともに、基盤的な部分は確保すること、さらに（3）国際的な安全保障環境の改善のためにも主体的に取り組む体制作りの必要性も述べていた。以上のような点に加え、統合運用や情報機能の強化、科学技術の発展への対応など、全体的に見れば以前の防衛大綱から大きく踏み出して、現在の安全保障環境に対応したものとなっていると評価できよう。

しかしこの新しい防衛大綱が大きな問題を抱えていることも事実である。それは具体的な防衛力のあり方という問題である。すなわち、防衛大綱の本文によれば、日本が直面している新しい脅威もかなり明確に述べられ、それへの対応能力を整備するという方針が示されている。しかしその具体的な防衛力の内容を示すのが、大綱の別表であって、九五年の第二次大綱からも縮小・削減された防衛力で、具体的にどのような体制整備が進められるのか不明確なのである（表6・7参照）。本文でいくらよいことが書いてあっても、その裏づけとなるべき具体的な防衛力構成が不明確であれば、本文で述べられていることはスローガンとして受け止められる可能性もある。

これまで述べてきたように、自衛隊の任務・役割は拡大する一方である。ミサイル・ディフェンスといった多額の経費を必要とする研究も行うことになっている。冷戦終了で軍縮に向かった欧州と異なり、北朝鮮の核問題や中国・台湾関係をはじめ東アジアでの緊張は持続しており、周辺諸国の軍備も増大している。そういった情勢を背景にしての新しい防衛大綱であった。しかし、陸上自衛隊の人員こそ実定員に近い一五万五〇〇〇を確保したが、それでたとえば、テロや特殊部隊への対応や島嶼防衛、さらに増大する国際協力に対応できるのか。また、海上交通の安全確保が不可欠と大綱で書きながら、シーレーン防衛のための海上防衛力が削減されている。こうして任務の増大に反して規模が縮小されていった背景には、財政の問題があったことは間違いない。

そもそも自衛隊の予算構造では、たとえば平成一七年度予算で見ると、予算額四兆八三〇一億円のうち、固定費にあたる人件・糧食費が全体の四四・六％を占め、さらに前年度以前の契約に基づく歳出化経費が三五・九％、新規装備購入を含めた一般物件費（活動経

表6 「第二次大綱」(別表) 各自衛隊の編成・装備等の規模

陸上自衛隊	編成定数		16万人
	常備自衛官定数		14万5千人
	即応予備自衛官員数		1万5千人
	基幹部隊	平時地域配備する部隊	8個師団 6個旅団
		機動運用部隊	1個機甲師団 1個空挺団 1個ヘリコプター団
		低空域防空用地対空誘導弾部隊	8個高射特科群
	主要装備	戦車	約900両
		主要特科装備	約900門／両
海上自衛隊	基幹部隊	護衛艦部隊（機動運用）	4個護衛隊群
		護衛艦部隊（地方隊）	7個隊
		潜水艦部隊	6個隊
		掃海部隊	1個掃海隊群
		陸上哨戒機部隊	13個隊
	主要装備	護衛艦	約50隻
		潜水艦	16隻
		作戦用航空機	約170機
航空自衛隊	基幹部隊	航空警戒管制部隊	8個警戒群 20個警戒隊 1個飛行隊
		要撃戦闘機部隊	9個飛行隊
		支援戦闘機部隊	3個飛行隊
		航空偵察部隊	1個飛行隊
		航空輸送部隊	3個飛行隊
		高空域防空用地対空誘導弾部隊	6個高射群
	主要装備	作戦航空機	約400機
		うち戦闘機	約300機

表7　「第三次大綱」（別表）各自衛隊の編成・装備等の規模

陸上自衛隊	編成定数 常備自衛官定数 即応予備自衛官員数		15万5千人 14万8千人 7千人
	基幹部隊	平時地域配備する部隊	8個師団 6個旅団
		機動運用部隊	1個機甲師団 中央即応集団
		地対空誘導部隊	8個高射特科群
	主要装備	戦車 主要特科装備	約600両 約600門／両
海上自衛隊	基幹部隊	護衛艦部隊（機動運用） 護衛艦部隊（地域配備） 潜水艦部隊 掃海部隊 哨戒機部隊	4個護衛隊群（8個隊） 5個隊 4個隊 1個掃海隊群 9個隊
	主要装備	護衛艦 潜水艦 作戦用航空機	47隻 16隻 約150機
航空自衛隊	基幹部隊	航空警戒管制部隊 戦闘機部隊 航空偵察部隊 航空輸送部隊 空中給油・輸送部隊 地対空誘導弾部隊	8個警戒群 20個警戒隊 1個警戒航空隊（2個飛行隊） 12個飛行隊 1個飛行隊 3個飛行隊 1個飛行隊 6個高射群
	主要装備	作戦用航空機 うち戦闘機	約350機 約260機
弾道ミサイル防衛にも使用し得る主要装備・基幹部隊		イージス・システム搭載護衛艦	4隻
		航空警戒管制部隊 地対空誘導弾部隊	7個警戒群 4個警戒群 3個警戒群

費）は一九・四％の九三七七億円しかない。こうした予算の中で自衛隊は、冷戦型装備の削減や効率化、部隊編成の見直しなどを前提に新しい脅威に対応した防衛力のあり方を模索しなければならなかったわけである。

財政問題の重要性は当然、新しい防衛力の検討に当たって認識されており、荒木懇談会の報告書では、「規模を拡大することなく、数多くの機能を果たすことは可能である」と述べていた。しかし実際は規模の現状維持ではなく縮小になったのは、財務省の厳しい圧力があったために他ならない。たとえば当初は、陸上自衛隊編成定員一六万人を一二万人に、海上自衛隊の現有護衛艦五〇隻を三八隻に、航空自衛隊は現有戦闘機三〇〇機を二一六機に削減することを財務省は主張していたと言われている。財務省としては、防衛大綱と同時に決定される五年間の防衛力整備計画である「中期防衛力整備計画（平成一七年度〜平成二一年度）」を何とか小規模に押さえ込みたいという考えがあったものと言われている。最終的な結果で見れば、防衛庁の案と財務省の案を足して二で割ったような計画に落ち着いているとも言えるだろう。むしろ、防衛予算も削減対象という政府方針が当初から決まっており、それを考えれば防衛庁はよく抵抗したとも見ることができる。ただ、最大の問題は、防衛政策の基本方針を定める防衛計画の大綱の策定にあたって、安全保障の観点ではなく財政の視点からの制約が行われていることである。積極的なシビリアン・コントロールが行われようとする段階にいたっても、財政による統制という年次防以来の問題はやはり厳然として残っていると言えるだろう。

転換点に立つ自衛隊――エピローグ

自衛隊が抱える課題

冷戦終了後、自衛隊の役割は大幅に増大した。表8を見れば明らかなように、たとえば国際協力活動はほぼ切れ間なく続き、世界のどこかで自衛隊が活動していない日はわずかしかない。こうしたことを背景に自衛隊は今、大きな転換点に立っている。それは簡単に言えば、使わないことを前提とした組織から使うことを考えた組織への転換である。すなわちこれまでは消極的なシビリアン・コントロール（ネガティヴ・シビリアン・コントロール）であったものが、積極的なシビリアン・コントロール（ポジティヴ・シビリアン・コントロール）に変えていこうということである。これは言うまでもなく、自衛隊の歴史を考えた場合、きわめて大きな変化である。それで

自衛隊の活動など

自衛隊の活動		
各種事態への対応等	国際平和協力業務等	災害派遣等
	4月 ペルシャ湾掃海(～10月)	6月 雲仙普賢岳噴火
	9月 カンボジア(～5年9月)	
	5月 モザンビーク(～7年1月)	8月 北海道南西沖地震
	9月 ルワンダ(～12月)	
		1月 阪神・淡路大震災 3月 地下鉄サリン事件
	1月 ゴラン高原(～現在)	
		1月 ナホトカ号油流出
	11月 ホンジュラス	
3月 海上警備運動	9月 トルコ大地震	9月 東海村原子力事故
		3月 有珠山噴火 6月 三宅島噴火
11月 対テロ協力支援活動(～現在)・テロ被災民救援活動(～12月)	1月 インド大震災 10月 アフガン難民支援	8月 えひめ丸引き揚げ協力
	3月 東ティモール(～現在)	

表8　近年における

	国内外情勢		
年	国際情勢	周辺情勢	法改正等
89	12月 ベルリンの壁崩壊		
90			
91	1月 湾岸戦争 12月 ソ連解体		6月 国際平和協力法
92			
93		5月 北朝鮮ミサイル実験	
94			6月 国際緊急援助隊派遣法改正 11月 隊法改正(在外邦人等の輸送権限)
95			11月 防衛計画の大綱
96			
97			9月 新たな日米防衛協力のための指針の作成
98		8月 北朝鮮ミサイル発射事案	4月 防衛二法改正(統幕会議の機能充実等) 6月 国際平和協力法改正
99	3月 ユーゴ空爆	3月 能登沖不審船事案	5月 周辺事態安全確保法等・隊法改正(在外邦人等の輸送手段追加等)
00			6月 原子力災害措置法
01	9月 米国同時多発テロ事案	12月 九州南西海域不審船事案	3月 船舶検査活動法 11月 隊法改正(警護出勤等)・テロ対策特措法 12月 国際平和協力法改正
02			
03	3月 イラクへの武力行使		6月 有事関連三法案

出典：『防衛白書』平成15年版を一部修正.

は、自衛隊がこうした変化をしていくことについての課題や問題点はどういったことだろうか。その点を最後に考えておきたい。

まず自衛隊そのものが抱える問題点である。自衛隊の主任務である防衛に関しては、「多機能弾力的防衛力」を提唱した「荒木懇談会」の提言を反映し、二〇〇四年に新しい防衛計画の大綱が成立したことは前述のとおりである。これは、国家を中心とした従来型の脅威を基本とした基盤的防衛力構想から、国家だけでなくテロを含む多様な脅威に対応した新しい防衛思想であり、これを現実のものとするには、情報能力の向上とともに、自衛隊各部隊の統合的運用が重要になってくる。さらに統合の問題は、厳しい財政条件の中で効率的な装備調達ということを考えても重要性が増している。情報能力を一層向上すること、統合的戦略のもとに運用されること、これが日本防衛という基本的使命を果たす上での今後の自衛隊の最も大きな課題であろう。

しかし、自衛隊の歴史はまさに陸海空の三自衛隊が別個に防衛方針を立て、別個に装備体系を考え、独自に行動してきたことを示している。そして統合の強化は創設以来語られている問題でもある。たしかに、最初の防衛大綱が成立したとき、内局からも統幕強化の方針が出され、ガイドラインの成立もあって、それ以前と比べれば統幕の強化は進んできた。しかし実際に統合的運用がどの程度できるのか、あるいは統合的戦略が果たしてできるのかということはまったく未知数である。近年の防衛白書でも繰り返し統合強化の必要性が述べられているということは、別の見方をするとそれだけ統合強化が難しいということであろう。

そもそも陸海空の各自衛隊は、創設の経緯も関わった人々の考え方も異なる組織である。それが創設以来半世紀を超える歴史を持つに至った。それだけ組織内部の制度化も進み、自らよりどころとする伝統も形成されてきている。見方を変えると、官僚化の進展や組織の硬直化も否定できないということでもある。こうした組織間の垣根を越えて統合的戦略の形成と統合的運用を現実化するには、強力なリーダーシップが必要となると考えられる。

次に問題となるのが、自衛隊が活動する場合に必要な法体系の整備とその実効化である。先の表を見ればよくわかるように、自衛隊の活動が拡大した九〇年代は、必要な法体系整備のための法律策定あるいは法改正に追われた時代でもあった。これは、冷戦時代が基本的に自衛隊を使わないことを目的とする消極的シビリアン・コントロールの時代であったことの反映である。この時代には、必要な法体系の整備、たとえば有事法制などが議論になると、「それは自衛隊を使うことを考えている、すなわち戦争を意図しているための法整備だ」という批判が巻き起こった。自衛隊を実際に使用するという問題を避けていた保守政治の側にとっても、そういった批判を押してまでも法整備を強行する必要性を感じなかったということであろう。そしてその反動が、九〇年代から押し寄せてきているわけである。冷戦時代以来の宿題であった有事法制・国民保護法制がようやく成立したのは、時代の変化を象徴している。

しかし問題は、自衛隊の活動がさらに拡大するとすれば、まだ法整備を進めなければならない課題もたくさん残っているし、成立した法律にしても作ればそれでおしまいというわけではないことである。たとえば国民保護法制にしても、これを実効あるものにしていくためには、地方自治体および警察と自衛隊間の密接な協議を行い、たとえば住民避難と自衛隊活動の調整などについて具体的な計画を作っていかなければならないのである。この点については、現在の地方自治体は地方制度改革への対応に追われていて、取り組みは地域ごとにバラバラという状況である。自衛隊にしても、これまで自治体とそういった協議はほとんど経験もノウハウもない。自衛隊基地がある自治体に基地関係費が交付されるとか、地域住民との交流といったレベルを超えた地域との関係が今後必要とされるのである。これも自衛隊にとって新しい課題と言っていいだろう。

実は、前述した地方制度改革にも大きな問題がある。それは、現状の改革が財政問題の視点のみで語られがちであるということである。新しい脅威が指摘される現代は、安全保障問題でも中央と地方の関係が大きな変化を迫られている。すなわち、九九年の周辺事態法九条で「関係行政機関の長は、法令及び基本計画に従い、地方公共団体の長に対し、その有する権限の行使について必要な協力を求めることができる」と書かれているように、従来は中央政府の専管事項であった安全保障問題が、地方の協力を得ないと実効あるものにできないという時代になったのである。もはや中央のみで国家の全ての問題に対応できないことは明らかだが、安全保障の問題でもそういう事態となっているということである。地方分権の名の下で地方の権限が強化される方向だが、別の見方をすれば地方の責任がそれだけ重くなったということである。しかしこの面での地方の取り組みは、非常に地域差があるのも現実なのである。

国家システムにおける自衛隊の位置付け

次が最も重要な、国家システムの中の自衛隊の位置づけはどうなるのかという問題である。まず、自衛隊を使わないようにする消極的シビリアン・コントロールではなくいかに使うかを考える積極的シビリアン・コントロールに転換するならば、これまで制服組抑制の手段として機能してきた「文官統制」と「財政の論理による防衛政策の制約」という二つをどうするかという問題が検討されなければならない。

前者の「文官統制」については、防衛庁設置法の、

（官房長及び局長と幕僚長及び統合幕僚会議との関係）第十六条　官房長及び局長は、その所掌事務に関し、次の事項について長官を補佐するものとする。

一　陸上自衛隊、海上自衛隊又は航空自衛隊に関する各般の方針及び基本的な実施計画の作成について長官の行う陸上幕僚長、海上幕僚長又は航空幕僚長に対する指示

二　陸上自衛隊、海上自衛隊又は航空自衛隊に関する事項に関して陸上幕僚長、海上幕僚長又は航空幕僚長の作成した方針及び基本的な実施計画について長官の行う承認

三　統合幕僚会議の所掌する事項について長官の行う指示又は承認

四　陸上自衛隊、海上自衛隊又は航空自衛隊に関し長官の行う一般的監督

という条文は今も変更されていない。したがって内局はやはり制服組の上に立って全般的な監督権限を持っている。ただし実態は、七八年のガイドライン制定以来、制服組の意見がいつも無視できるという状況ではなくなり、発言力は大幅に増大している。自衛隊の活

動が拡大するという状況を考えれば、現場で働く自衛隊・制服組の意見をきちんと汲み上げていくシステムの構築がやはり必要であろう。その点について言えば、内局の参事官制度の見直しが最近検討された。結果としては現行のまま残されることになったが、この参事官制度を含めて、新しい時代に適応したシビリアン・コントロールの制度を検討する必要があるのは間違いないであろう。

後者の財政の論理はどうだろうか。新しい防衛計画の大綱の策定のところで述べたように、現在でも財政の論理は強力である。もちろん、防衛力整備が財政の論理を無視していいというわけでは決してない。財政の状況を無視して、防衛の、すなわち軍事の論理が絶対ということになっては戦前の繰り返しでしかない。ただ問題は、「最初に財政ありき」という考え方である。一九六一年に二次防を決定するための国防会議で、大蔵省出身の迫水久常経済企画庁長官が、最初に予算枠を決めて防衛計画を立てるのはおかしいと指摘し、「戦略構想がまずきまり、あと予算の事情をみてきめるという事でないと不適当だ」と発言している。戦前の軍部の専横を経験した迫水の発言は重い。本来の防衛計画は、自らが置かれた国際環境や戦略条件を勘案して立案するということが基本であろう。そうして立案された計画を財政状況に応じて実現していくというのが本来の安全保障計画というものである。

この点については、最初の防衛大綱が決められたとき、長期計画は三年ごとの見直しを行うローリング方式が採用され、計画自体は政府決定ではなく防衛庁内の計画とされた。それを一年ごとに大蔵省との折衝で実現していくという方式にしたわけである。それは年次防という長期計画自体が政府決定で、計画策定時点から大蔵省と調整しなければならず、さらに毎年の予算で再度折衝しなければならないという財政からの二重の縛りから脱したいという当時の防衛官僚の念願の表れであった。そうすれば少なくとも最初の計画は防衛政策の必要性を重視した計画が立案できることになる。もし中期計画がそのままの防衛庁内の計画という位置づけのままでいけば財政のしばりは緩和されたであろう。しかしそういった事情に通じない政治によって、中期計画は結局元の政府計画に戻されてしまったのである。

そして現状は、国家財政の極度の悪化という事態を前提に、小泉首相の「聖域なき構造改革」の合言葉の下に予算の削減という方針がまず最初に決められていた。自衛隊の最高司令官であり、政治の最高責任者である首相自体も、安全保障という問題にあまり高い優先順位をつけていないように見える。しかも、財政破綻の悪夢を前に、財務省の使命感は強く、その壁を乗り越えるのはかなり厳しいであろう。そういった状況を見ると、財政の論理からの防衛政策の抑制という伝統は当面変化しそうにないように思われる。

ただ、この点について財務省の弁護をしておくと、実は自衛隊・防衛庁創設以来の文官統制は、防衛庁内局だけの問題ではなく、そもそも大蔵省（財務省）もその一翼を担ってきたということである。防衛庁は、制服組の要求を抑制するために大蔵省の査定の論理を使用した。その結果、大蔵省の防衛問題への発言権は大きくなり、七〇年代からは防衛庁の主要幹部にも大蔵省出身者を送り込むにいたったのである。

シビリアン・コントロールの真の意味

実は、政治が防衛問題とかかわるのをなるべく避けてきたということが文官統制の大きな要因になっている。つまり、これまで述べてきた自衛隊・防衛庁創設以来の歴史を見れば明らかなように、政治が本来の責任を果たしていないために、文官が防衛問題を過度なまでに統制してきたわけである。過度の文官統制や財政の論理での制約について批判的に述べてきたが、それは制服組の要求をそのまま受け入れればいいということではない。文官の意見を聞き、制服組の要求を理解したうえで、将来の安全保障に関する高度な政治的判断のもとに、納税者の視点に立ち、自衛隊の装備調達に眼を光らせ、統合の強化や効率的部隊運用を促し、現代の状況に適合した部隊へと変化させるべく問題点を指摘するのは、財務省ではなく国家・国民の安全保障に責任を持つ政治家の仕事なのである。

その点が、最近の憲法改正の問題とも関係してくる。つまり自衛隊は軍隊になるのかという問題である。自衛隊任務の拡大という状況の中で、たとえばＰＫＯで国際的な場で活動するのに現行の「軍隊ではない組織」という位置づけでは問題があるのも事実である。九〇年代の自衛隊任務の拡大は政治の判断で行われてきた。そのためにこれからは積極的シビリアン・コントロールに変化していく転換点に自衛隊が立たされていることは前述のとおりである。そして積極的なシビリアン・コントロールを行うということは、政治家の責任が問われるということなのである。それは最終的には国民がどういう政治家を選ぶかという問題になる。積極的シビリアン・コントロールの下で、自衛隊に明確な地位と権限を与え、さらなる活動を期待するのであれば、それはすなわち日本の民主主義の質が問われることになるということを、国民がしっかりと自覚しなければならないのである。

あとがき

本文でも記したように、二〇〇四年で防衛庁・自衛隊は創設五〇周年を迎えた。二〇〇五年で終戦からも六〇周年である。長く政権の座にある自民党が結党五〇周年を迎え、憲法改正草案を公表し、その中には自衛隊を正式に軍隊に改めるという考え方が示されている。創設者の吉田茂が「日陰者」と呼び、警察予備隊以来、違憲か合憲かという論争の中で明確な地位を与えられなかった自衛隊が、ようやく国家機構の中に明確な位置づけを与えられる時期に来たようである。ただし、まだ議論すべき点も多く、憲法改正の行方も定かではない。そうしたときに、戦後政治の中で自衛隊がどのように成長してきたのかを描いた本書が刊行されることになったのは著者としても喜ばしいかぎりである。前著『戦後日本の防衛と政治』（吉川弘文館、二〇〇三年）が予想外に好評をもって迎えられ、新聞や雑誌、学術誌などで多くの書評を書いていただいたことは望外の幸せであった。ただ、学術書という性格から、入手しにくいという声もいただいた。今回、前著を一般読者向けに改め、また叙述の範囲もなるべく最近の事項までカバーするようにして「歴史文化ライブラリー」の一冊として刊行できることになったのは、吉川弘文館のご好意である。心から感謝申し上げたい。

それにしても、前著を刊行して二年あまりの間に、自衛隊のイラク派遣が行われたり新しい防衛計画の大綱が策定されたりと、自衛隊・防衛庁をめぐる動き・変化は早く、大きいという印象を受ける。最大野党の民主党は、かつての野党と異なり、安全保障論議を正面から行いえる政党のようであるし（またそう期待したい）、以前のように問題を先送りにせずに、日本の将来を見据えた安全保障論議が深まってほしいものである。ただし、本文でも指摘したように、自衛隊の改革といっても歴史的な経緯をきちんと踏まえておかないと、かえって混乱を生むことになる。そういった問題の認識に本書が少しでも役に立てば、著者の目的は達したといえるだろう。

さて、本書の執筆に当たってお世話になった方々にお礼を申し上げたい。まず、著者の現在の研究活動で大きな位置を占めている戦後日本政治・外交に関するオーラル・ヒストリー、史料収集でお世話になっている伊藤隆先生。前の勤務先である政策研究大学院大学時代から、共同研究者として防衛政策関係者のオーラルや史料収集でご一緒させていただいており、本書の執筆に当たってもその「成果」が反映されている。史料収集そして歴史学の発展に対する伊藤先生の情熱は、私などが記す必要はないであろう。伊藤先生の仕事をお手伝いすることが自分の研究に大いに貢献するという、自分自身の幸運を思いつつ、伊藤先生に感謝を申し上げたい。

次に、日本の安全保障研究の第一人者である渡邊昭夫先生を中心とする、河野康子、道下徳成、武田知己、平良好利、長南政義、田中義友、中島信吾といった諸氏をメンバーとする「自衛隊・防衛庁史研究会」のメンバーである。ここでも防衛政策関係のオーラルをはじめ、防衛問題に関する史料状況の研究などを行なっており、メンバーから得られる知的刺激は私にとってきわめて重要なものである。渡邊先生はじめメンバー諸氏に感謝申し上げたい。

そして吉川弘文館編集第一部の阿部幸子氏。企画の段階から、校正に至る過程の全てにわたって行き届いた心遣いをいただいている。本の出版は著者だけでは出来ない。編集者との共同作業である。無事に本書が刊行できることになったのは阿部氏の努力の賜物である。また、「歴史文化ライブラリー」としては例外ともいえる、多量の資料を巻末に収録させていただけたのも阿部氏のご配慮である。阿部さん、ありがとうございました。

さらに、郷里の福岡に二人で暮す両親。老いてなお、自分のことより子供を第一に考える両親に、改めて感謝の気持ちを伝えておきたい。

最後にわが家族。二〇〇四年四月から名古屋にある中京大学に勤務することになり、家族と離れて過ごすことが多くなってしまった。不定期に帰宅し、不定期に在宅し、在宅しても仕事にあけくれる夫をそして父を、無限の寛容をもって接してくれる家族の存在なくしては本書を書き上げることは出来なかった。妻、息子、娘のすばらしい家族に心から感謝するとともに、本書を家族に捧げたいと思う。

二〇〇五年一二月

佐道明広

資料　日本防衛に関する基本方針

資料1　「防衛計画の大綱」（第一次防衛大綱、一九七六年一〇月二六日決定）

昭和五二年度以降に係る防衛計画の大綱について別紙のとおり定める。

別紙

防衛計画の大綱

一　目的及び趣旨

わが国が憲法上許される範囲内で防衛力を保有することは、一つには国民の平和と独立を守る気概の具体的な表明であるとともに、直接的には、日米安全保障体制と相まって、わが国に対する侵略を未然に防止し、万一、侵略が行われた場合にはこれを排除することを目的とするものであるが、一方、わが国がそのような態勢を堅持していることが、わが国周辺の国際政治の安定の維持に貢献することともなっているものである。

かかる意味においてわが国が保有すべき防衛力としては、安定化のための努力が続けられている国際情勢及びわが国周辺の国際政治構造並びに国内諸情勢が、当分の間、大きく変化しないという前提にたてば、防衛上必要な各種の機能を備え、後方支援体制を含めてその組織及び配備において均衡のとれた態勢を保有することを主眼とし、これをもって平時において十分な警戒体制をとり得るとともに、限定的かつ小規模な侵略までの事態に有効に対処し得るものを目標とすることが最も適当であり、同時に、その防衛力をもって災害救援等を通じて国内の民生安定に寄与し得るよう配慮すべきものであると考えられる。

わが国は、従来、四次にわたる防衛力整備計画の策定、実施により、防衛力の漸進的な整備を行って来たところであるが、前記のような構想にたって防衛力の現状を見ると、規模的には、その構想において目標とするところとほぼ同水準にあると判断される。

この大綱は、以上のような観点にたった上で、今後のわが国の防衛のあり方についての指針を示すものであり、具体的な防衛力の整備、維持及び運用に当たっては、以下に示す諸項目に準拠しつつ防衛力の質的な維持向上を図り、もってわが国の防衛の目的を全うし得るよう努めるものとする。

二　国際情勢

この大綱の策定に当たって考慮した国際情勢の**すう**勢は、概略次のとおりである。

最近の国際社会においては、国際関係の多元化の傾向が一層顕著になるとともに、諸国のナショナリズムに根ざす動きがますます活発化しており、他方、国際的相互依存関係が著しく深まりつつある。

このような状況の下で、特に軍事面で依然圧倒的比重を維持している米ソ両国の関係を中心に、東西間では、核戦争を回避し相互関係の改善を図るための対話が種々の曲折を経ながらも継続されており、また、各地域において、紛争を防止し国際関係の安定化を図るための各般の努力がなされている。

しかしながら、米ソ両国を中心とする東西関係においては、各種の対立要因が根強く存在しており、また、各地域においては、態勢の流動的な局面も多く、様々な不安定要因が見られる。

わが国周辺地域においては、米・ソ・中三国間に一種の均衡が成立しているが、他方、朝鮮半島の緊張が持続し、また、わが国近隣諸国の軍事力の増強も引き続き行われている。

このような情勢にあって、核相互抑止を含む軍事均衡や各般の国際関係安定化の努力により、東西間の全面的軍事衝突又はこれを引き起こすおそれのある大規模な武力紛争が生起する可能性は少ない。また、わが国周辺においては、限定的な武力紛争が生起する可能性を否定することはできないが、大国間の均衡的関係及び日米安全保障体制の存在が国際関係の安定維持及びわが国に対する本格的侵略の防止に大きな役割を果たし続けるものと考えられる。

三　防衛の構想

1　侵略の未然防止

わが国の防衛は、わが国自ら適切な規模の防衛力を保有し、これを最も効率的に運用し得る態勢を築くとともに、米国との安全保障体制の信頼性の維持及び円滑な運用態勢の整備を図ることにより、いかなる態様の侵略にも対応し得る防衛体制を構成し、これによって侵略を未然に防止することを基本とする。

また、核の脅威に対しては、米国の核抑止力に依存するものとする。

2　侵略対処

間接侵略事態又は侵略につながるおそれのある軍事力をもってする不法行為が発生した場合には、これに即応して行動し、早期に事態を収拾することとする。

直接侵略事態が発生した場合には、これに即応して行動し、防衛力の総合的、有機的な運用を図ることによって、極力早期にこれを排除することとする。この場合において、限定的かつ小規模な侵略については、原則として独力で排除することとし、侵略の規模、態様等により、独力での排除が困難な場合にも、あらゆる方法による強**じん**な抵抗を継続し、米国からの協力をまってこれを排除することとする。

四　防衛の態勢

前記三の防衛の構想の下に、以下に掲げる態勢及び次の五に掲げる体制を備えた防衛力を保有しておくものとする。その防衛力は、前記一においてわが国が保有すべき防衛力について示した機能及び態勢を有するものであり、かつ、情勢に重要な変化が生じ、新たな防衛力の態勢が必要とされるに至ったときには、円滑にこれに移行し得るよう配意された基盤的なものとする。

1　警戒のための態勢

わが国の領域及びその周辺海空域の警戒監視並びに必要な情報収集を常続的に実施し得ること。

2　間接侵略、軍事力をもってする不法行為等に対処する態勢

(1)　国外からの支援に基づく騒**じょう**の激化、国外からの人員、武器の組織的な潜搬入等の事態が生起し、又はわが国周辺海空域において非公然武力行使が発生した場合には、これに即応して行動し、適切な措置を講じ得ること。

(2)　わが国の領空に侵入した航空機又は侵入するおそれのある航空機に対し、即時適切な措置を講じ得ること。

３　直接侵略事態に対処する態勢

直接侵略事態が発生した場合には、その侵略の態様に応じて即応して行動し、限定的かつ小規模な侵略については、原則として独力でこれを排除し、また、独力での排除が困難な場合にも有効な抵抗を継続して米国からの協力をまってこれを排除し得ること。

４　指揮通信及び後方支援の態勢

迅速かつ有効適切な行動を実施するため、指揮通信、輸送、救難、補給、保守整備等の各分野において必要な機能を発揮し得ること。

５　教育訓練の態勢

防衛力の人的基盤の**かん**養に資するため、周到な教育訓練を実施し得ること。

６　災害救援等の態勢

国内のどの地域においても、必要に応じて災害救援等の行動を実施し得ること。

五　陸上、海上及び航空自衛隊の体制

前記四の防衛の態勢を保有するための基幹として、陸上、海上及び航空自衛隊において、それぞれ次のような体制を維持するものとする。

このほか、各自衛隊の有機的協力体制の促進及び統合運用効果の発揮につき特に配意するものとする。

１　陸上自衛隊

(1)　わが国の領域のどの方面においても、侵略の当初から組織的な防衛行動を迅速かつ効果的に実施し得るよう、わが国の地理的特性等に従って均衡をとって配置された師団等を有していること。

(2) 主として機動的に運用する各種の部隊を少なくとも一個戦術単位有していること。
(3) 重要地域の低空域防空に当たり得る地対空誘導弾部隊を有していること。

2　海上自衛隊

(1) 海上における侵略等の事態に対応し得るような機動的に運用する艦艇部隊として、常時少なくとも一個護衛隊群を即応の態勢で維持し得る一個護衛艦隊を有していること。
(2) 沿岸海域の警戒及び防備を目的とする艦艇部隊として、所定の海域ごとに、常時少なくとも一個隊を可動の態勢で維持し得る対潜水上艦艇部隊を有していること。
(3) 必要とする場合に、重要港湾、主要海峡等の警戒、防備及び掃海を実施し得るよう、潜水艦部隊、回転翼対潜機部隊及び掃海部隊を有していること。
(4) 周辺海域の監視哨戒及び海上護衛等の任務に当たり得る固定翼対潜機部隊を有していること。

3　航空自衛隊

(1) わが国周辺のほぼ全空域を常続的に警戒監視できる航空警戒管制部隊を有していること。
(2) 領空侵犯及び航空侵攻に対して即時適切な措置を講じ得る態勢を常続的に維持し得るよう、戦闘機部隊及び高空域防空用地対誘導弾部隊を有していること。
(3) 必要とする場合に、着上陸侵攻阻止及び対地支援、航空偵察、低空侵入に対する早期警戒監視並びに航空輸送の任務にそれぞれ当たり得る部隊を有していること。

以上に基づく編成、主要装備等の具体的規模は、別表のとおりとする。

六　防衛力整備実施上の方針及び留意事項

防衛力の整備に当たっては、前記四及び五に掲げる態勢等を整備し、諸外国の技術的水準の動向に対応し得るよう、質的な充実向上に配意しつつこれらを維持することを基本とし、その具体的実施に際しては、そのときどきにおける経済財政事情等を勘案し、国の他の諸施策との調和を図りつつ、次の諸点に留意してこれを行うものとする。

なお、各年度の防衛力の具体的整備内容のうち、主要な事項の決定に当たっては国防会議にはかるものとし、当該主要な事項の範囲は、別に国防会議にはかった上閣議で決定するものとする。

1　隊員の充足についての合理的な基準を設定するとともに、良質の隊員の確保と士気高揚を図るための施策につき配慮すること。

2　防衛施設の有効な維持及び整備を図るとともに、騒音対策等環境保全に配意し、周辺との調和に努めること。

3　装備品等の整備に当たっては、その適切な国産化につき配意しつつ、緊急時の急速取得、教育訓練の容易性、費用対効果等についての総合的な判断の下に効率的な実施を図ること。

4　防衛力の質的水準の維持向上に資するため、技術研究開発態勢の充実に努めること。

資料2　「日米防衛協力のための指針」(旧ガイドライン、一九七八年)

日米安全保障協議委員会が了承した防衛協力小委員会の報告

一九七八年一一月二八日

日米安全保障協議委員会が了承した防衛協力小委員会の報告

昭和五一年七月八日に開催された日米安全保障協議委員会で設置された防衛協力小委員会は、今日まで八回の会合を行った。防衛協力小委員会は、日米安全保障協議委員会によって付託された任務を遂行するに当たり、次の前提条件及び研究・協議事項に合意した。

1　前提条件

(1)　事前協議に関する諸問題、日本の憲法上の制約に関する諸問題及び非核三原則は、研究・協議の対象としない。

(2)　研究・協議の結論は、日米安全保障協議委員会に報告し、その取扱いは、日米両国政府のそれぞれの判断に委ねられるものとする。この結論は、両国政府の立法、予算ないし行政上の措置を義務づけるものではない。

2　研究・協議事項

(1)　日本に武力攻撃がなされた場合又はそのおそれのある場合の諸問題

(2)　(1)以外の極東における事態で日本の安全に重要な影響を与える場合の諸問題

(3)　その他（共同演習・訓練等）

防衛協力小委員会は、研究・協議を進めるに当たり、日本に対する武力攻撃に際しての日米安保条約に基づく日米間の防衛協力のあり方についての日本政府の基本的な構想を聴取し、これを研究・協議の基礎として作業を進めることとした。防衛協力小委員会は、小委員会における研究・協議の進捗を図るため、下部機構として、作戦、情報及び後方支援の三部会を設置した。これらの部会は、専門的な立場から研究・協議を行った。更に、防衛協力小委員会は、その任務内にあるその他の日米間の協力に関する諸問題についても研究・協議を行った。

防衛協力小委員会がここに日米安全保障協議委員会の了承を得るため報告する「日米防衛協力のための指針」は、以上のような防衛協力小委員会の結果である。

日米防衛協力のための指針

この指針は、日米安保条約及びその関連取極に基づいて日米両国が有している権利及び義務に何ら影響を与えるものと解されてはならない。

この指針が記述する米国に対する日本の便宜供与及び支援の実施は、日本の関係法令に従うことが了解される。

Ⅰ　侵略を未然に防止するための態勢

1　日本は、その防衛政策として自衛のため必要な範囲内において適切な規模の防衛力を保有するとともに、その最も効率的な運用を確保するための態勢を整備・維持し、また、地位協定に従い、米軍による在日施設・区域の安定的かつ効果的な使用を確保する。また、米国は、核抑止力を保持するとともに、即応部隊を前方展開し、及び来援し得るその他の兵力を保持する。

2　日米両国は、日本に対する武力攻撃がなされた場合に共同対処行動を円滑に実施し得るよう、作戦、情報、後方支援等の分野における自衛隊と米軍との間の協力態勢の整備に努める。

このため、

(1)　自衛隊及び米軍は、日本防衛のための整合のとれた作戦を円滑かつ効果的に共同して実施するため、共同作戦計画についての研究を行う。また、必要な共同演習及び共同訓練を適時実施する。

更に、自衛隊及び米軍は、作戦を円滑に共同して実施するため作戦上必要と認める共通の実施要領をあらかじめ研究し、準備しておく。この実施要領には、作戦、情報及び後方支援に関する事項が含まれる。また、通信電子活動は指揮及び連絡の実施に不可欠であるので、自衛隊及び米軍は、通信電子活動に関しても相互に必要な事項をあらかじめ定めておく。

(2)　自衛隊及び米軍は、日本防衛に必要な情報を作成し、交換する。自衛隊及び米軍は、情報の交換を円滑に実施するため、交換する情報の種類並びに交換の任務に当たる自衛隊及び米軍の部隊を調整して定めておく。また、自衛隊及び米軍は、相互間の通信連絡体系の整備等所要の措置を講ずることにより緊密な情報協力態勢の充実を図る。

(3)　自衛隊及び米軍は、日米両国がそれぞれ自国の自衛隊又は軍の後方支援について責任を有するとの基本原則を踏まえつつ、適時、適切に相互支援を実施し得るよう、補給、輸送、整備、施設等の各機能について、あらかじめ緊密に相互に調整し又は研究を行う。この相互支援に必要な細目は、共同の研究及び計画作業を通じて明らかにされる。特に、自衛隊及び米軍は、予想される不足補給品目、数量、補完の優先順位、緊急取得要領等についてあらかじめ調整しておくとともに、自衛隊の基地及び米軍の施設・区域の経済的かつ効率的な利用のあり方について研究する。

II　日本に対する武力攻撃に際しての対処行動等

1　日本に対する武力攻撃がなされるおそれのある場合

日米両国は、連絡を一層密にして、それぞれ所要の措置をとるとともに、情勢の変化に応じて必要と認めるときは、自衛隊と米軍との間の調整機関の開設を含め、整合のとれた共同対処行動を確保するために必要な準備を行う。

自衛隊及び米軍は、それぞれが実施する作戦準備に関し、日米両国が整合のとれた共通の準備段階を選択し自衛隊及び米軍がそれぞれ効果的な作戦準備を協力して行うことを確保することができるよう、共通の基準をあらかじめ定めておく。

この共通の基準は、情報活動、部隊の行動準備、移動、後方支援その他の作戦準備に係る事項に関し、部隊の警戒監視のための態勢の強化から部隊の戦闘準備の態勢の最大限の強化にいたるまでの準備段階を区分して示す。

自衛隊及び米軍は、それぞれ、日米両国政府の合意によって選択された準備段階に従い必要と認める作戦準備を実施する。

2　日本に対する武力攻撃がなされた場合

(1)　日本は、原則として、限定的かつ小規模な侵略を独力で排除する。侵略の規模、態様等により独力で排除することが困難な場合には、米国の協力をまって、これを排除する。

(2)　自衛隊及び米軍が日本防衛のための作戦を共同して実施する場合には、双方は、相互に緊密な調整を図り、それぞれの防衛力を適時かつ効果的に運用する。

(i)　作戦構想

自衛隊は主として日本の領域及びその周辺海空域において防勢作戦を行い、米軍は自衛隊の行う作戦を支援する。米軍は、また、自衛隊の能力の及ばない機能を補完するための作戦を実施する。

自衛隊及び米軍は、陸上作戦、海上作戦及び航空作戦を次のとおり共同して実施する。

（a）陸上作戦

陸上自衛隊及び米陸上部隊は、日本防衛のための陸上作戦を共同して実施する。

陸上自衛隊は、阻止、持久及び反撃のための作戦を実施する。

米陸上部隊は、必要に応じ来援し、反撃のための作戦を中心に陸上自衛隊と共同して作戦を実施する。

（b）海上作戦

海上自衛隊及び米海軍は、周辺海域の防衛のための海上作戦及び海上交通の保護のための海上作戦を共同して実施する。

海上自衛隊は、日本の重要な港湾及び海峡の防備のための作戦並びに周辺海域における対潜作戦、船舶の保護のための作戦その他の作戦を主体となって実施する。

米海軍部隊は、海上自衛隊の行う作戦を支援し、及び機動打撃力を有する任務部隊の使用を伴うような作戦を含め、侵攻兵力を撃退するための作戦を実施する。

（c）航空作戦

航空自衛隊及び米空軍は、日本防衛のための航空作戦を共同して実施する。

航空自衛隊は、防空、着上陸侵攻阻止、対地支援、航空偵察、航空輸送等の航空作戦を実施する。

米空軍部隊は、航空自衛隊の行う作戦を支援し、及び航空打撃力を有する航空部隊の使用を伴うような作戦を含め、侵攻兵力を撃退するための作戦を実施する。

(d) 陸上作戦、海上作戦及び航空作戦を実施するに当たり、自衛隊及び米軍は、情報、後方支援等の作戦に係る諸活動について必要な支援を相互に与える。

(ii) 指揮及び調整

自衛隊及び米軍は、緊密な協力の下に、それぞれの指揮系統に従って行動する。自衛隊及び米軍は、整合のとれた作戦を共同して効果的に実施することができるよう、あらかじめ調整された作戦運用上の手続に従って行動する。

(iii) 調整機関

自衛隊及び米軍は、効果的な作戦を共同して実施するため、調整機関を通じ、作戦、情報及び後方支援について相互に緊密な調整を図る。

(iv) 情報活動

自衛隊及び米軍は、それぞれの情報組織を運営しつつ、効果的な作戦を共同して遂行することに資するため緊密に協力して情報活動を実施する。このため、自衛隊及び米軍は、情報の要求、収集、処理及び配布の各段階につき情報活動を緊密に調整する。自衛隊及び米軍は、保全に関しそれぞれ責任を負う。

(v) 後方支援活動

自衛隊及び米軍は、日米両国間の関係取極に従い、効率的かつ適切な後方支援活動を緊密に協力して実施する。

このため、日本及び米国は、後方支援の各機能の効率性を向上し及びそれぞれの能力不足を軽減するよう、相互支援活動を次のとおり実施する。

(a) 補給

米国は、米国製の装備品等の補給品の取得を支援し、日本は、日本国内における補給品の取得を支援する。

(b) 輸送

日本及び米国は、米国から日本への補給品の航空輸送及び海上輸送を含む輸送活動を緊密に協力して実施する。

(c) 整備

米国は、米国製の品目の整備であって日本の整備能力が及ばないものを支援し、日本は、日本国内において米軍の装備品の整備を支援する。整備支援には、必要な整備要員の技術指導を含める。関連活動として、日本は、日本国内におけるサルベージ及び回収に関する米軍の需要についても支援を与える。

(d) 施設

米軍は、必要なときは、日米安保条約及びその関連取極に従って新たな施設・区域を提供される。また、効果的かつ経済的な使用を向上するため自衛隊の基地及び米軍の施設・区域の共同使用を考慮することが必要な場合には、自衛隊及び米軍は、同条約及び取極に従って、共同使用を実施する。

Ⅲ　日本以外の極東における事態で日本の安全に重要な影響を与える場合の日米間の協力

日米両政府は、情勢の変化に応じ随時協議する。

日本以外の極東における事態で日本の安全に重要な影響を与える場合に日本が米軍に対して行う便宜供与のあり方は、日米安保条約、その関連取極、その他の日米間の関係取極及び日本の関係法令によって規律される。日米両政府は、日本が上記の法的枠組みの範囲内において米軍に対し行う便宜供与のあり方について、あらかじめ相互に研究を行う。このような研究には、米軍による自衛隊の基地の共同使用その他の便宜供与のあり方に関する研究が含まれる。

資料3　「平成八年度以降に係る防衛計画の大綱」（第二次防衛大綱、一九九五年）

平成七年一一月二八日　安全保障会議決定
平成七年一一月二八日　閣議決定

Ⅰ　策定の趣旨

1　我が国は、国の独立と平和を守るため、日本国憲法の下、紛争の未然防止や解決の努力を含む国際政治の安定を確保するための外交努力の推進、内政の安定による安全保障基盤の確立、日米安全保障体制の堅持及び自らの適切な防衛力の整備に努めてきたところである。

2　我が国は、かかる方針の下、昭和五一年、安定化のための努力が続けられている国際情勢及び我が国周辺の国際政治構造並びに国内諸情勢が当分の間大きく変化しないという前提に立ち、また、日米安全保障体制の存在が国際関係の安定維持等に大きな役割を果たし続けると判断し、「防衛計画の大綱」（昭和五一年一〇月二九日国防会議及び閣議決定。以下「大綱」という。）を策定した。爾来、我が国は、大綱に従って防衛力の整備を進めてきたが、我が国の着実な防衛努力は、日米安全保障体制の存在及びその円滑かつ効果的な運用を図るための努力と相まって、我が国に対する侵略の未然防止のみならず、我が国周辺地域の平和と安定の維持に貢献している。

3　大綱策定後約二〇年が経過し、冷戦の終結等により米ソ両国を中心とした東西間の軍事的対峙の構造が消滅するなど国際情勢が大きく変化するとともに、主たる任務である我が国の防衛に加え、大規模な災害等への対応、国際平和協力業務の実施等より安定した安全保障環境の構築への貢献という分野においても、自衛隊の役割に対する期待が高まってきていることにかんがみ、今後の我が国の防衛力の在り方について、ここに「平成八年度以降に係る防衛計画の大綱」として、新たな指針を示すこととする。

4　我が国としては、日本国憲法の下、この指針に従い、日米安全保障体制の信頼性の向上に配意しつつ、防衛力の適切な整備、維持及び運用を図ることにより、我が国の防衛を全うするとともに、国際社会の平和と安定に資するよう努めるものとする。

Ⅱ　国際情勢

この新たな指針の策定に当たって考慮した国際情勢のすう勢は、概略次のとおりである。

1　最近の国際社会においては、冷戦の終結等に伴い、圧倒的な軍事力を背景とする東西間の軍事的対峙の構造は消滅し、世界的な規模の武力紛争が生起する可能性は遠のいている。他方、各種の領土問題は依然存続しており、また、宗教上の対立や民族問題等に根ざす対立は、むしろ顕在化し、複雑で多様な地域紛争が発生している。さらに、核を始めとする大量破壊兵器やミサイル等の拡散といった新たな危険が増大するなど、国際情勢は依然として不透明・不確実な要素をはらんでいる。

2　これに対し、国家間の相互依存関係が一層進展する中で、政治、経済等の各分野において国際的な協力を推進し、国際関係の一層の安定化を図るための各般の努力が継続されており、各種の不安定要因が深刻な国際問題に発展することを未然に防止することが重視されている。安全保障面では、米ロ間及び欧州においては関係諸国間の合意に基づく軍備管理・軍縮が引き続き進展しているほか、地域的な安全保障の枠組みの活用、多国間及び二国間対話の拡大や国際連合の役割の充実へ向けた努力が進められている。

主要国は、大規模な侵略への対応を主眼としてきた軍事力について再編・合理化を進めるとともに、それぞれが置かれた戦略環境等を考慮しつつ、地域紛争等多様な事態への対応能力を確保するため、積極的な努力を行っている。この努力は、国際協調に基づく国際連合等を通じた取組と相まって、より安定した安全保障環境を構築する上でも重要な要素となっている。このような中で、米国は、その強大な力を背景に、引き続き世界の平和と安定に大きな役割を果たし続けている。

3　我が国周辺地域においては、冷戦の終結やソ連の崩壊といった動きの下で極東ロシアの軍事力の量的削減や軍事態勢の変化がみられる。他方、依然として核戦力を含む大規模な軍事力が存在している中で、多数の国が、経済発展等を背景に、軍事力の拡充ないし近代化に力を注いでいる。また、朝鮮半島における緊張が継続するなど不透明・不確実な要素が残されており、安定的な安全保障環境が確立されるには至っていない。このような状況の下で、我が国周辺地域において、我が国の安全に重大な影響を与える事態が発生する可能性は否定できない。しかしながら、同時に、二国間対話の拡大、地域的な安全保障への取組等、国家間の協調関係を深め、地域の安定を図ろうとする種々の動きがみられる。

日米安全保障体制を基調とする日米両国間の緊密な協力関係は、こうした安定的な安全保障環境の構築に資するとともに、この地域の平和と安定にとって必要な米国の関与と米軍の展開を確保する基盤となり、我が国の安全及び国際社会の安定を図る上で、引き続き重要な役割を果たしていくものと考えられる。

Ⅲ　我が国の安全保障と防衛力の役割

(我が国の安全保障と防衛の基本方針)

1　我が国は、日本国憲法の下、外交努力の推進及び内政の安定による安全保障基盤の確立を図りつつ、専守防衛に徹し、他国に脅威を与えるような軍事大国とならないとの基本理念に従い、日米安全保障体制を堅持し、文民統制を確保し、非核三原則を守りつつ、節度ある防衛力を自主的に整備してきたところであるが、かかる我が国の基本方針は、引き続きこれを堅持するものとする。

（防衛力の在り方）

2　我が国はこれまで大綱に従って、防衛力の整備を進めてきたが、この大綱は、我が国に対する軍事的脅威に直接対抗するよりも、自らが力の空白となって我が国周辺地域における不安定要因とならないよう、独立国としての必要最小限の基盤的な防衛力を保有するという「基盤的防衛力構想」を取り入れたものである。この大綱で示されている防衛力は、防衛上必要な各種の機能を備え、後方支援体制を含めてその組織及び配備において均衡のとれた態勢を保有することを主眼としたものであり、我が国の置かれている戦略環境、地理的特性等を踏まえて導き出されたものである。

このような基盤的な防衛力を保有するという考え方については、国際情勢のすう勢として、不透明・不確実な要素をはらみながら国際関係の安定化を図るための各般の努力が継続されていくものとみられ、また、日米安全保障体制が我が国の安全及び周辺地域の平和と安定にとって引き続き重要な役割を果たし続けるとの認識に立てば、今後ともこれを基本的に踏襲していくことが適当である。

一方、保有すべき防衛力の内容については、冷戦の終結等に伴い、我が国周辺諸国の一部において軍事力の削減や軍事態勢の変化がみられることや、地域紛争の発生や大量破壊兵器の拡散等安全保障上考慮すべき事態が多様化していることに留意しつつ、その具体的在り方を見直し、最も効率的で適切なものとする必要がある。また、その際、近年における科学技術の進歩、若年人口の減少傾向、格段に厳しさを増している経済財政事情等に配意しておかなければならない。

また、自衛隊の主たる任務が我が国の防衛であることを基本としつつ、内外諸情勢の変化や国際社会において我が国の置かれている立場を考慮すれば、自衛隊もまた、社会の高度化や多様化の中で大きな影響をもたらし得る大規模な災害等の各種の事態に対して十分に備えておくとともに、より安定した安全保障環境の構築に向けた我が国の積極的な取組において、適時適切にその役割を担っていくべきである。

今後の我が国の防衛力については、こうした観点から、現行の防衛力の規模及び機能について見直しを行い、その合理化・効率化・コンパクト化を一層進めるとともに、必要な機能の充実と防衛力の質的な向上を図ることにより、多様な事態に対して有効に対応し得る防衛力を整備し、同時に事態の推移にも円滑に対応できるように適切な弾力性を確保し得るものとすることが適当である。

（日米安全保障体制）

3　米国との安全保障体制は、我が国の安全の確保にとって必要不可欠なものであり、また、我が国周辺地域における平和と安定を確保し、より安定した安全保障環境を構築するためにも、引き続き重要な役割を果たしていくものと考えられる。

こうした観点から、日米安全保障体制の信頼性の向上を図り、これを有効に機能させていくためには、①情報交換、政策協議等の充実、②共同研究並びに共同演習・共同訓練及びこれらに関する相互協力の充実等を含む運用面における効果的な協力態勢の構築、③装備・技術面での幅広い相互交流の充実並びに④在日米軍の駐留を円滑かつ効果的にするための各種施策の実施等に努める必要がある。

　また、このような日米安全保障体制を基調とする日米両国間の緊密な協力関係は、地域的な多国間の安全保障に関する対話・協力の推進や国際連合の諸活動への協力等、国際社会の平和と安定への我が国の積極的な取組に資するものである。

(防衛力の役割)

4　今後の我が国の防衛力については、上記の認識の下に、以下のとおり、それぞれの分野において、適切にその役割を果たし得るものとする必要がある。

(1)　我が国の防衛

ア　周辺諸国の軍備に配意しつつ、我が国の地理的特性に応じ防衛上必要な機能を備えた適切な規模の防衛力を保有するとともに、これを最も効果的に運用し得る態勢を築き、我が国の防衛意思を明示することにより、日米安全保障体制と相まって、我が国に対する侵略の未然防止に努めることとする。

　核兵器の脅威に対しては、核兵器のない世界を目指した現実的かつ着実な核軍縮の国際的努力の中で積極的な役割を果たしつつ、米国の核抑止力に依存するものとする。

イ　間接侵略事態又は侵略につながるおそれのある軍事力をもってする不法行為が発生した場合には、これに即応して行動し、早期に事態を収拾することとする。

　直接侵略事態が発生した場合には、これに即応して行動しつつ、米国との適切な協力の下、防衛力の総合的・有機的な運用を図ることによって、極力早期にこれを排除することとする。

(2)　大規模災害等各種の事態への対応

ア　大規模な自然災害、テロリズムにより引き起こされた特殊な災害その他の人命又は財産の保護を必要とする各種の事態に際して、関係機関から自衛隊による対応が要請された場合などに、関係機関との緊密な協力の下、適時適切に災害救援等の所要の行動を実施することとし、もって民生の安定に寄与する。

イ　我が国周辺地域において我が国の平和と安全に重要な影響を与えるような事態が発生した場合には、憲法及び関係法令に従い、必要に応じ国際連合の活動を適切に支持しつつ、日米安全保障体制の円滑かつ効果的な運用を図ること等により適切に対応する。

(3)　より安定した安全保障環境の構築への貢献

ア　国際平和協力業務の実施を通じ、国際平和のための努力に寄与するとともに、国際緊急援助活動の実施を通じ、国際協力の推進に寄与する。

イ　安全保障対話・防衛交流を引き続き推進し、我が国の周辺諸国を含む関係諸国との間の信頼関係の増進を図る。

ウ　大量破壊兵器やミサイル等の拡散の防止、地雷等通常兵器に関する規制や管理等のために国際連合、国際機関等が行う軍備管理・軍縮分野における諸活動に対し協力する。

Ⅳ　我が国が保有すべき防衛力の内容

Ⅲで述べた我が国の防衛力の役割を果たすための基幹として、陸上、海上及び航空自衛隊において、それぞれ1に示される体制を維持し、2及び3に示される態勢等を保持することとする。

1　陸上、海上及び航空自衛隊の体制

(1)　陸上自衛隊

ア　我が国の領域のどの方面においても、侵略の当初から組織的な防衛行動を迅速かつ効果的に実施し得るよう、我が国の地理的特性等に従って均衡をとって配置された師団及び旅団を有していること。

イ　主として機動的に運用する各種の部隊を少なくとも一個戦術単位有していること。

ウ　師団等及び重要地域の防空に当たり得る地対空誘導弾部隊を有していること。

エ　高い練度を維持し、侵略等の事態に迅速に対処し得るよう、部隊等の編成に当たっては、常備自衛官をもって充てることを原則とし、一部の部隊については即応性の高い予備自衛官を主体として充てること。

(2)　海上自衛隊

ア　海上における侵略等の事態に対応し得るよう機動的に運用する艦艇部隊として、常時少なくとも一個護衛隊群を即応の態勢で維持し得る一個護衛艦隊を有していること。

イ　沿岸海域の警戒及び防備を目的とする艦艇部隊として、所定の海域ごとに少なくとも一個護衛隊を有していること。

ウ　必要とする場合に、主要な港湾、海峡等の警戒、防備及び掃海を実施し得るよう、潜水艦部隊、回転翼哨戒機部隊及び掃海部隊を有していること。

エ　周辺海域の監視哨戒等の任務に当たり得る固定翼哨戒機部隊を有していること。

(3)　航空自衛隊

ア　我が国周辺のほぼ全空域を常時継続的に警戒監視するとともに、必要とする場合に警戒管制の任務に当たり得る航空警戒管制部隊を有していること。

イ　領空侵犯及び航空侵攻に対して即時適切な措置を講じ得る態勢を常時継続的に維持し得るよう、戦闘機部隊及び地対空誘導弾部隊を有していること。

ウ　必要とする場合に、着上陸侵攻阻止及び対地支援の任務を実施し得る部隊を有していること。

エ　必要とする場合に、航空偵察、航空輸送等の効果的な作戦支援を実施し得る部隊を有していること。

2　各種の態勢

自衛隊が以下の態勢を保持する際には、自衛隊の任務を迅速かつ効果的に遂行するため、統合幕僚会議の機能の充実等による各自衛隊の統合的かつ有機的な運用及び関係各機関との間の有機的協力関係の推進に特に配意する。

(1)　侵略事態等に対応する態勢

ア　日米両国間における各種の研究、共同演習・共同訓練等を通じ、日米安全保障体制の信頼性の維持向上に努めるとともに、直接侵略事態が発生した場合、各種の防衛機能を有機的に組み合わせることにより、その態様に即応して行動し、有効な能力を発揮し得ること。

イ　間接侵略及び軍事力をもってする不法行為が発生した場合には、これに即応して行動し、適切な措置を講じ得ること。

ウ　我が国の領空に侵入した航空機又は侵入するおそれのある航空機に対し、即時適切な措置を講じ得ること。

(2)　災害救援等の態勢

国内のどの地域においても、大規模な災害等人命又は財産の保護を必要とする各種の事態に対して、適時適切に災害救援等の行動を実施し得ること。

(3)　国際平和協力業務等の実施の態勢

国際社会の平和と安定の維持に資するため、国際平和協力業務及び国際緊急援助活動を適時適切に実施し得ること。

(4)　警戒、情報及び指揮通信の態勢

情勢の変化を早期に察知し、機敏な意思決定に資するため、常時継続的に警戒監視を行うとともに、多様な情報収集手段の保有及び能力の高い情報専門家の確保を通じ、戦略情報を含む高度の情報収集・分析等を実施し得ること。

また、高度の指揮通信機能を保持し、統合的な観点も踏まえて防衛力の有機的な運用を迅速かつ適切になし得ること。

(5)　後方支援の態勢

各種の事態への対処行動等を効果的に実施するため、輸送、救難、補給、保守整備、衛生等の各後方支援分野において必要な機能を発揮し得ること。

(6)　人事・教育訓練の態勢

適正な人的構成の下に、厳正な規律を保持し、各自衛隊・各機関相互間及び他省庁・民間との交流の推進等を通じ、高い士気及び能力並びに広い視野を備えた隊員を有し、組織全体の能力を発揮し得るとともに、国際平和協力業務等の円滑な実施にも配意しつつ、隊員の募集、処遇、人材育成・教育訓練等を適切に実施し得ること。

3　防衛力の弾力性の確保

防衛力の規模及び機能についての見直しの中で、養成及び取得に長期間を要する要員及び装備を、教育訓練部門等において保持したり、即応性の高い予備自衛官を確保することにより、事態の推移に円滑に対応できるように適切な弾力性を確保することとする。主要な編成、装備等の具体的規模は、別表のとおりとする。

(別表)　各自衛隊の編成・装備等の規模

V　防衛力の整備、維持及び運用における留意事項

1　各自衛隊の体制等VIで述べた防衛力を整備、維持及び運用することを基本とし、その具体的実施に際しては、次の諸点に留意してこれを行うものとする。

なお、各年度の防衛力の具体的整備内容のうち、主要な事項の決定に当たっては、安全保障会議に諮るものとする。

(1)　経済財政事情等を勘案し、国の他の諸施策との調和を図りつつ、防衛力の整備、維持及び運

用を行うものとする。その際、格段に厳しさを増している財政事情を踏まえ、中長期的な見通しの下に経費配分を適切に行うことにより、防衛力全体として円滑に十全な機能を果たし得るように特に配意する。

(2)　関係地方公共団体との緊密な協力の下に、防衛施設の効率的な維持及び整備並びに円滑な統廃合の実施を推進するため、所要の態勢の整備に配意するとともに、周辺地域とのより一層の調和を図るための諸施策を実施する。

(3)　装備品等の整備に当たっては、緊急時の急速取得、教育訓練の容易性、装備の導入に伴う後年度の諸経費を含む費用対効果等についての総合的な判断の下に、調達価格等の抑制を図るための効率的な調達補給態勢の整備に配意して、その効果的な実施を図る。

その際、適切な国産化等を通じた防衛生産・技術基盤の維持に配意する。

(4)　技術進歩のすう勢に対応し、防衛力の質的水準の維持向上に資するため、技術研究開発の態勢の充実に努める。

2　将来情勢に重要な変化が生じ、防衛力の在り方の見直しが必要になると予想される場合には、その時の情勢に照らして、新たに検討するものとする。

資料4　「日米防衛協力のための指針」(新ガイドライン、一九九七年九月二三日)

Ⅰ　指針の目的

この指針の目的は、平素から並びに日本に対する武力攻撃及び周辺事態に際してより効果的かつ信頼性のある日米協力を行うための、堅固な基礎を構築することである。また、指針は、平素からの及び緊急事態における日米両国の役割並びに協力及び調整の在り方について、一般的な大枠及び方向性を示すものである。

Ⅱ　基本的な前提及び考え方

指針及びその下で行われる取組みは、以下の基本的な前提及び考え方に従う。

1　日米安全保障条約及びその関連取極に基づく権利及び義務並びに日米同盟関係の基本的な枠組は、変更されない。

2　日本のすべての行為は、日本の憲法上の制約の範囲内において、専守防衛、非核三原則等の日本の基本的な方針に従って行われる。

3　日米両国のすべての行為は、紛争の平和的解決及び主権平等を含む国際法の基本原則並びに国際連合憲章を始めとする関連する国際約束に合致するものである。

4　指針及びその下で行われる取組みは、いずれの政府にも、立法上、予算上又は行政上の措置をとることを義務づけるものではない。しかしながら、日米協力のための効果的な態勢の構築が指針及びその下で行われる取組みの目標であることから、日米両国政府が、各々の判断に従い、このような努力の結果を各々の具体的な政策や措置に適切な形で反映することが期待される。日本のすべての行為は、その時々において適用のある国内法令に従う。

Ⅲ　平素から行う協力

日米両国政府は、現在の日米安全保障体制を堅持し、また、各々所要の防衛態勢の維持に努める。日本は、「防衛計画の大綱」にのっとり、自衛のために必要な範囲内で防衛力を保持する。米国は、そのコミットメントを達成するため、核抑止力を保持するとともに、アジア太平洋地域における前方展開兵力を維持し、かつ、来援し得るその他の兵力を保持する。

日米両国政府は、各々の政策を基礎としつつ、日本の防衛及びより安定した国際的な安全保障環境の構築のため、平素から密接な協力を維持する。

日米両国政府は、平素から様々な分野での協力を充実する。この協力には、日米物品役務相互提供協定及び日米相互防衛援助協定並びにこれらの関連取決めに基づく相互支援活動が含まれる。

1　情報交換及び政策協議

日米両国政府は、正確な情報及び的確な分析が安全保障の基礎であると認識し、アジア太平洋地域の情勢を中心として、双方が関心を有する国際情勢についての情報及び意見の交換を強化するとともに、防衛政策及び軍事態勢についての緊密な協議を継続する。

このような情報交換及び政策協議は、日米安全保障協議委員会及び日米安全保障高級事務レベル協議（ＳＳＣ）を含むあらゆる機会をとらえ、できる限り広範なレベル及び分野において行われる。

2　安全保障面での種々の協力

安全保障面での地域的な及び地球的規模の諸活動を促進するための日米協力は、より安定した国際的な安全保障環境の構築に寄与する。

日米両国政府は、この地域における安全保障対話・防衛交流及び国際的な軍備管理・軍縮の意義と重要性を認識し、これらの活動を促進するとともに、必要に応じて協力する。

日米いずれかの政府又は両国政府が国際連合平和維持活動又は人道的な国際救援活動に参加する場合には、日米両国政府は、必要に応じて、相互支援のために密接に協力する。日米両国政府は、輸送、衛生、情報交換、教育訓練等の分野における協力の要領を準備する。

大規模災害の発生を受け、日米いずれかの政府又は両国政府が関係政府又は国際機関の要請に応じて緊急援助活動を行う場合には、日米両国政府は、必要に応じて密接に協力する。

3　日米共同の取組み

日米両国政府は、日本に対する武力攻撃に際しての共同作戦計画についての検討及び周辺事態に際しての相互協力計画についての検討を含む共同作業を行う。このような努力は、双方の関係機関の関与を得た包括的なメカニズムにおいて行われ、日米協力の基礎を構築する。

日米両国政府は、このような共同作業を検証するとともに、自衛隊及び米軍を始めとする日米両国の公的機関及び民間の機関による円滑かつ効果的な対応を可能とするため、共同演習・訓練を強化する。また、日米両国政府は、緊急事態において関係機関の関与を得て運用される日米間の調整メカニズムを平素から構築しておく。

Ⅳ　日本に対する武力攻撃に際しての対処行動等

日本に対する武力攻撃に際しての共同対処行動等は、引き続き日米防衛協力の中核的要素である。

日本に対する武力攻撃が差し迫っている場合には、日米両国政府は、事態の拡大を抑制するための措置をとるとともに、日本の防衛のために必要な準備を行う。日本に対する武力攻撃がなされた場合には、日米両国政府は、適切に共同して対処し、極力早期にこれを排除する。

1　日本に対する武力攻撃が差し迫っている場合

日米両国政府は、情報交換及び政策協議を強化するとともに、日米間の調整メカニズムの運用を早期に開始する。日米両国政府は、適切に協力しつつ、合意によって選択された準備段階に従い、整合のとれた対応を確保するために必要な準備を行う。日本は、米軍の来援基盤を構築し、維持する。また、日米両国政府は、情勢の変化に応じ、情報収集及び警戒監視を強化するとともに、日本に対する武力攻撃に発展し得る行為に対応するための準備を行う。

日米両国政府は、事態の拡大を抑制するため、外交上のものを含むあらゆる努力を払う。

なお、日米両国政府は、周辺事態の推移によっては日本に対する武力攻撃が差し迫ったものとなるような場合もあり得ることを念頭に置きつつ、日本の防衛のための準備と周辺事態への対応又はそのための準備との間の密接な相互関係に留意する。

2　日本に対する武力攻撃がなされた場合

(1)　整合のとれた共同対処行動のための基本的な考え方

(イ)　日本は、日本に対する武力攻撃に即応して主体的に行動し、極力早期にこれを排除する。その際、米国は、日本に対して適切に協力する。このような日米協力の在り方は、武力攻撃の規模、態様、事態の推移その他の要素により異なるが、これには、整合のとれた共同の作戦の実施及びそのための準備、事態の拡大を抑制するための措置、警戒監視並びに情報交換についての協力が含まれ得る。

（ロ）　自衛隊及び米軍が作戦を共同して実施する場合には、双方は、整合性を確保しつつ、適時かつ適切な形で、各々の防衛力を運用する。その際、双方は、各々の陸・海・空部隊の効果的な統合運用を行う。自衛隊は、主として日本の領域及びその周辺海空域において防勢作戦を行い、米軍は、自衛隊の行う作戦を支援する。米軍は、また、自衛隊の能力を補完するための作戦を実施する。

（ハ）　米国は、兵力を適時に来援させ、日本は、これを促進するための基盤を構築し、維持する。

(2)　作戦構想

（イ）　日本に対する航空侵攻に対処するための作戦

自衛隊及び米軍は、日本に対する航空侵攻に対処するための作戦を共同して実施する。

自衛隊は、防空のための作戦を主体的に実施する。

米軍は、自衛隊の行う作戦を支援するとともに、打撃力の使用を伴うような作戦を含め、自衛隊の能力を補完するための作戦を実施する。

（ロ）　日本周辺海域の防衛及び海上交通の保護のための作戦

自衛隊及び米軍は、日本周辺海域の防衛のための作戦及び海上交通の保護のための作戦を共同して実施する。

自衛隊は、日本の重要な港湾及び海峡の防備、日本周辺海域における船舶の保護並びにその他の作戦を主体的に実施する。

米軍は、自衛隊の行う作戦を支援するとともに、機動打撃力の使用を伴うような作戦を含め、自衛隊の能力を補完するための作戦を実施する。

（ハ）日本に対する着上陸侵攻に対処するための作戦

自衛隊及び米軍は、日本に対する着上陸侵攻に対処するための作戦を共同して実施する。

自衛隊は、日本に対する着上陸侵攻を阻止し排除するための作戦を主体的に実施する。

米軍は、主として自衛隊の能力を補完するための作戦を実施する。その際、米国は、侵攻の規模、態様その他の要素に応じ、極力早期に兵力を来援させ、自衛隊の行う作戦を支援する。

（ニ）その他の脅威への対応

(i) 自衛隊は、ゲリラ・コマンドウ攻撃等日本領域に軍事力を潜入させて行う不正規型の攻撃を極力早期に阻止し排除するための作戦を主体的に実施する。その際、関係機関と密接に協力し調整するとともに、事態に応じて米軍の適切な支援を得る。

(ii) 自衛隊及び米軍は、弾道ミサイル攻撃に対応するために密接に協力し調整する。米軍は、日本に対し必要な情報を提供するとともに、必要に応じ、打撃力を有する部隊の使用を考慮する。

(3) 作戦に係る諸活動及びそれに必要な事項

（イ）指揮及び調整

自衛隊及び米軍は、緊密な協力の下、各々の指揮系統に従って行動する。自衛隊及び米軍は、効果的な作戦を共同して実施するため、役割分担の決定、作戦行動の整合性の確保等についての手続をあらかじめ定めておく。

（ロ）　日米間の調整メカニズム

日米両国の関係機関の間における必要な調整は、日米間の調整メカニズムを通じて行われる。自衛隊及び米軍は、効果的な作戦を共同して実施するため、作戦、情報活動及び後方支援について、日米共同調整所の活用を含め、この調整メカニズムを通じて相互に緊密に調整する。

（ハ）　通信電子活動

日米両国政府は、通信電子能力の効果的な活用を確保するため、相互に支援する。

（ニ）　情報活動

日米両国政府は、効果的な作戦を共同して実施するため、情報活動について協力する。これには、情報の要求、収集、処理及び配布についての調整が含まれる。その際、日米両国政府は、共有した情報の保全に関し各々責任を負う。

（ホ）　後方支援活動

自衛隊及び米軍は、日米間の適切な取決めに従い、効率的かつ適切に後方支援活動を実施する。日米両国政府は、後方支援の効率性を向上させ、かつ、各々の能力不足を軽減するよう、中央政府及び地方公共団体が有する権限及び能力並びに民間が有する能力を適切に活用しつつ、相互支援活動を実施する。その際、特に次の事項に配慮する。

（i）　補給

米国は、米国製の装備品等の補給品の取得を支援し、日本は、日本国内における補給品の取得を支援する。

(ii) 輸送

日米両国政府は、米国から日本への補給品の航空輸送及び海上輸送を含む輸送活動について、緊密に協力する。

(iii) 整備

日本は、日本国内において米軍の装備品の整備を支援し、米国は、米国製の品目の整備であって日本の整備能力が及ばないものについて支援を行う。整備の支援には、必要に応じ、整備要員の技術指導を含む。また、日本は、サルベージ及び回収に関する米軍の需要についても支援を行う。

(iv) 施設

日本は、必要に応じ、日米安全保障条約及びその関連取極に従って新たな施設・区域を提供する。また、作戦を効果的かつ効率的に実施するために必要な場合には、自衛隊及び米軍は、同条約及びその関連取極に従って、自衛隊の施設及び米軍の施設・区域の共同使用を実施する。

(v) 衛生

日米両国政府は、衛生の分野において、傷病者の治療及び後送等の相互支援を行う。

V　日本周辺地域における事態で日本の平和と安全に重要な影響を与える場合(周辺事態)の協力

周辺事態は、日本の平和と安全に重要な影響を与える事態である。周辺事態の概念は、地理的なものではなく、事態の性質に着目したものである。日米両国政府は、周辺事態が発生することのないよう、外交上のものを含むあらゆる努力を払う。日米両国政府は、個々の事態の状況について共通の認識に到達した場合に、各々の行う活動を効果的に調整する。なお、周辺事態に対応する際にとられる措置は、情勢に応じて異なり得るものである。

1　周辺事態が予想される場合

周辺事態が予想される場合には、日米両国政府は、その事態について共通の認識に到達するための努力を含め、情報交換及び政策協議を強化する。

同時に、日米両国政府は、事態の拡大を抑制するため、外交上のものを含むあらゆる努力を払うとともに、日米共同調整所の活用を含め、日米間の調整メカニズムの運用を早期に開始する。また、日米両国政府は、適切に協力しつつ、合意によって選択された準備段階に従い、整合のとれた対応を確保するために必要な準備を行う。更に、日米両国政府は、情勢の変化に応じ、情報収集及び警戒監視を強化するとともに、情勢に対応するための即応態勢を強化する。

2　周辺事態への対応

周辺事態への対応に際しては、日米両国政府は、事態の拡大の抑制のためのものを含む適切な措置をとる。これらの措置は、上記Ⅱに掲げられた基本的な前提及び考え方に従い、かつ、各々の判断に基づいてとられる。日米両国政府は、適切な取決めに従って、必要に応じて相互支援を行う。

協力の対象となる機能及び分野並びに協力項目例は、以下に整理し、別表に示すとおりである。

(1)　日米両国政府が各々主体的に行う活動における協力

日米両国政府は、以下の活動を各々の判断の下に実施することができるが、日米間の協力は、その実効性を高めることとなる。

(イ)　救援活動及び避難民への対応のための措置

日米両国政府は、被災地の現地当局の同意と協力を得つつ、救援活動を行う。日米両国政府は、各々の能力を勘案しつつ、必要に応じて協力する。

日米両国政府は、避難民の取扱いについて、必要に応じて協力する。避難民が日本の領域に流入してくる場合については、日本がその対応の在り方を決定するとともに、主として日本が責任を持ってこれに対応し、米国は適切な支援を行う。

(ロ)　捜索・救難

日米両国政府は、捜索・救難活動について協力する。日本は、日本領域及び戦闘行動が行われている地域とは一線を画される日本の周囲の海域において捜索・救難活動を実施する。米国は、米軍が活動している際には、活動区域内及びその付近での捜索・救難活動を実施する。

(ハ)　非戦闘員を退避させるための活動

日本国民又は米国国民である非戦闘員を第三国から安全な地域に退避させる必要が生じる場合には、日米両国政府は、自国の国民の退避及び現地当局との関係について各々責任を有する。日米両国政府は、各々が適切であると判断する場合には、各々の有する能力を相互補完的に使用しつつ、輸送手段の確保、輸送及び施設の使用に係るものを含め、これらの非戦闘員の退避に関して、計画に際して調整し、また、実施に際して協力する。日本国民又は米国国民以外の非戦闘員について同様の必要が生じる場合には、日米両国が、各々の基準に従って、第三国の国民に対して退避に係る援助を行うことを検討することもある。

(ニ)　国際の平和と安定の維持を目的とする経済制裁の実効性を確保するための活動

日米両国政府は、国際の平和と安定の維持を目的とする経済制裁の実効性を確保するための活動に対し、各々の基準に従って寄与する。

また、日米両国政府は、各々の能力を勘案しつつ、適切に協力する。そのような協力には、情報交換、及び国際連合安全保障理事会決議に基づく船舶の検査に際しての協力が含まれる。

(2)　米軍の活動に対する日本の支援

(イ)　施設の使用

日米安全保障条約及びその関連取極に基づき、日本は、必要に応じ、新たな施設・区域の提供を適時かつ適切に行うとともに、米軍による自衛隊施設及び民間空港・港湾の一時的使用を確保する。

(ロ)　後方地域支援

日本は、日米安全保障条約の目的の達成のため活動する米軍に対して、後方地域支援を行う。この後方地域支援は、米軍が施設の使用及び種々の活動を効果的に行うことを可能とすることを主眼とするものである。そのような性質から、後方地域支援は、主として日本の領域において行われるが、戦闘行動が行われている地域とは一線を画される日本の周囲の公海及びその上空において行われることもあると考えられる。

後方地域支援を行うに当たって、日本は、中央政府及び地方公共団体が有する権限及び能力並びに民間が有する能力を適切に活用する。自衛隊は、日本の防衛及び公共の秩序維持のための任務の遂行と整合を図りつつ、適切にこのような支援を行う。

(3)　運用面における日米協力

周辺事態は、日本の平和と安全に重要な影響を与えることから、自衛隊は、生命・財産の保護及び航行の安全確保を目的として、情報収集、警戒監視、機雷の除去等の活動を行う。米軍は、周辺事態により影響を受けた平和と安全の回復のための活動を行う。

自衛隊及び米軍の双方の活動の実効性は、関係機関の関与を得た協力及び調整により、大きく高められる。

Ⅵ　指針の下で行われる効果的な防衛協力のための日米共同の取組み

指針の下での日米防衛協力を効果的に進めるためには、平素、日本に対する武力攻撃及び周辺事態という安全保障上の種々の状況を通じ、日米両国が協議を行うことが必要である。日米防衛協力が確実に成果を挙げていくためには、双方が様々なレベルにおいて十分な情報の提供を受けつつ、調整を行うことが不可欠である。このため、日米両国政府は、日米安全保障協議委員会及び日米安全保障高級事務レベル協議を含むあらゆる機会をとらえて情報交換及び政策協議を充実させていくほか、協議の促進、政策調整及び作戦・活動分野の調整のための以下の二つのメカニズムを構築する。

第一に、日米両国政府は、計画についての検討を行うとともに共通の基準及び実施要領等を確立するため、包括的なメカニズムを構築する。これには、自衛隊及び米軍のみならず、各々の政府のその他の関係機関が関与する。

日米両国政府は、この包括的なメカニズムの在り方を必要に応じて改善する。日米安全保障協議委員会は、このメカニズムの行う作業に関する政策的な方向性を示す上で引き続き重要な役割を有する。日米安全保障協議委員会は、方針を提示し、作業の進捗を確認し、必要に応じて指示を発出する責任を有する。防衛協力小委員会は、共同作業において、日米安全保障協議委員会を補佐する。

第二に、日米両国政府は、緊急事態において各々の活動に関する調整を行うため、両国の関係機関を含む日米間の調整メカニズムを平素から構築しておく。

1　計画についての検討並びに共通の基準及び実施要領等の確立のための共同作業

双方の関係機関の関与を得て構築される包括的なメカニズムにおいては、以下に掲げる共同作業を計画的かつ効率的に進める。これらの作業の進捗及び結果は、節目節目に日米安全保障協議委員会及び防衛協力小委員会に対して報告される。

(1)　共同作戦計画についての検討及び相互協力計画についての検討

自衛隊及び米軍は、日本に対する武力攻撃に際して整合のとれた行動を円滑かつ効果的に実施し得るよう、平素から共同作戦計画についての検討を行う。また、日米両国政府は、周辺事態に円滑かつ効果的に対応し得るよう、平素から相互協力計画についての検討を行う。

共同作戦計画についての検討及び相互協力計画についての検討は、その結果が日米両国政府の各々の計画に適切に反映されることが期待されるという前提の下で、種々の状況を想定しつつ行われる。日米両国政府は、実際の状況に照らして、日米両国各々の計画を調整する。日米両国政府は、共同作戦計画についての検討と相互協力計画についての検討との間の整合を図るよう留意することにより、周辺事態が日本に対する武力攻撃に波及する可能性のある場合又は両者が同時に生起する場合に適切に対応し得るようにする。

(2)　準備のための共通の基準の確立

日米両国政府は、日本の防衛のための準備に関し、共通の基準を平素から確立する。この基準は、各々の準備段階における情報活動、部隊の活動、移動、後方支援その他の事項を明らかにするものである。日本に対する武力攻撃が差し迫っている場合には、日米両国政府の合意により共通の準備段階が選択され、これが、自衛隊、米軍その他の関係機関による日本の防衛のための準備のレベルに反映される。

同様に、日米両国政府は、周辺事態における協力措置の準備に関しても、合意により共通の準備段階を選択し得るよう、共通の基準を確立する。

(3)　共通の実施要領等の確立

日米両国政府は、自衛隊及び米軍が日本の防衛のための整合のとれた作戦を円滑かつ効果的に実施できるよう、共通の実施要領等をあらかじめ準備しておく。これには、通信、目標位置の伝達、情報活動及び後方支援並びに相撃防止のための要領とともに、各々の部隊の活動を適切に律するための基準が含まれる。また、自衛隊及び米軍は、通信電子活動等に関する相互運用性の重要性を考慮し、相互に必要な事項をあらかじめ定めておく。

2　日米間の調整メカニズム

日米両国政府は、日米両国の関係機関の関与を得て、日米間の調整メカニズムを平素から構築し、日本に対する武力攻撃及び周辺事態に際して各々が行う活動の間の調整を行う。

調整の要領は、調整すべき事項及び関与する関係機関に応じて異なる。調整の要領には、調整会議の開催、連絡員の相互派遣及び連絡窓口の指定が含まれる。自衛隊及び米軍は、この調整メカニズムの一環として、双方の活動について調整するため、必要なハードウェア及びソフトウェアを備えた日米共同調整所を平素から準備しておく。

Ⅶ　指針の適時かつ適切な見直し

日米安全保障関係に関連する諸情勢に変化が生じ、その時の状況に照らして必要と判断される場合には、日米両国政府は、適時かつ適切な形でこの指針を見直す。

資料5　「平成一七年度以降に係る防衛計画の大綱について」（第三次防衛大綱、二〇〇四年）

平成一六年一二月一〇日

閣議決定

平成一七年度以降に係る防衛計画の大綱について別紙のとおり定める。

これに伴い、平成七年一一月二八日付け閣議決定「平成八年度以降に係る防衛計画の大綱について」は、平成一六年度限りで廃止する。

（別紙）

平成一七年度以降に係る防衛計画の大綱

Ⅰ　策定の趣旨

我が国を取り巻く新たな安全保障環境の下で、我が国の平和と安全及び国際社会の平和と安定を確保するために、今後の我が国の安全保障及び防衛力の在り方について、「弾道ミサイル防衛システムの整備等について（平成一五年一二月一九日安全保障会議及び閣議決定）」に基づき、ここに「平成一七年度以降に係る防衛計画の大綱」として、新たな指針を示す。

Ⅱ　我が国を取り巻く安全保障環境

1　今日の安全保障環境については、米国の9・11テロにみられるとおり、従来のような国家間における軍事的対立を中心とした問題のみならず、国際テロ組織などの非国家主体が重大な脅威となっている。大量破壊兵器や弾道ミサイルの拡散の進展、国際テロ組織等の活動を含む新たな脅威や平和と安全に影響を与える多様な事態（以下「新たな脅威や多様な事態」という。）への対応は、国家間の相互依存関係の一層の進展やグローバル化を背景にして、今日の国際社会にとって差し迫った課題となっている。また、守るべき国家や国民を持たない国際テロ組織などに対しては、従来の抑止が有効に機能しにくいことに留意する必要がある。

一方、冷戦終結後一〇年以上が経過し、米ロ間において新たな信頼関係が構築されるなど、主要国間の相互協力・依存関係が一層進展している。こうした状況の下、安定した国際環境が各国の利益に適うことから、国際社会において安全保障上の問題に関する国際協調・協力が図られ、国連をはじめとする各種の国際的枠組み等を通じた幅広い努力が行われている。

この中で、唯一の超大国である米国は、テロとの闘いや大量破壊兵器の拡散防止等の課題に積極的に対処するなど、引き続き、世界の平和と安定に大きな役割を果たしている。

また、国際社会における軍事力の役割は多様化しており、武力紛争の抑止・対処に加え、紛争の予防から復興支援に至るまで多様な場面で積極的に活用されている。

2　我が国の周辺においては、近年さらに、国家間の相互依存が拡大・深化したことに伴い、二国間及び多国間の連携・協力関係の充実・強化が図られている。

他方、冷戦終結後、極東ロシアの軍事力は量的に大幅に削減されたが、この地域においては、依然として核戦力を含む大規模な軍事力が存在するとともに、多数の国が軍事力の近代化に力を注いできた。また、朝鮮半島や台湾海峡を巡る問題など不透明・不確実な要素が残されている。この中で、北朝鮮は大量破壊兵器や弾道ミサイルの開発、配備、拡散等を行うとともに、大規模な特殊部隊を保持している。北朝鮮のこのような軍事的な動きは、地域の安全保障における重大な不安定要因であるとともに、国際的な拡散防止の努力に対する深刻な課題となっている。また、この地域の安全保障に大きな影響力を有する中国は、核・ミサイル戦力や海・空軍力の近代化を推進するとともに、海洋における活動範囲の拡大などを図っており、このような動向には今後も注目していく必要がある。

このような中で、日米安全保障体制を基調とする日米両国間の緊密な協力関係は、我が国の安全及びアジア太平洋地域の平和と安定のために重要な役割を果たしている。

3　以上のような我が国を取り巻く安全保障環境を踏まえると、我が国に対する本格的な侵略事態生起の可能性は低下する一方、我が国としては地域の安全保障上の問題に加え、新たな脅威や多様な事態に対応することが求められている。

4　なお、我が国の安全保障を考えるに当たっては、奥行きに乏しく、長大な海岸線と多くの島嶼が存在しており、人口密度も高いうえ、都市部に産業・人口が集中し、沿岸部に重要施設を多数抱えるという安全保障上の脆弱性を持っていること、災害の発生しやすい自然的条件を抱えていること、さらに、我が国の繁栄と発展には、海上交通の安全確保等が不可欠であることといった我が国の置かれた諸条件を考慮する必要がある。

Ⅲ　我が国の安全保障の基本方針

1　基本方針

我が国の安全保障の第一の目標は、我が国に直接脅威が及ぶことを防止し、脅威が及んだ場合にはこれを排除するとともに、その被害を最小化することであり、第二の目標は、国際的な安全保障環境を改善し、我が国に脅威が及ばないようにすることである。

我が国は、国際の平和と安全の維持に係る国際連合の活動を支持し、諸外国との良好な協調関係を確立するなどの外交努力を推進するとともに、日米安全保障体制を基調とする米国との緊密な協力関係を一層充実させ、内政の安定により安全保障基盤の確立を図り、効率的な防衛力を整備するなど、我が国自身の努力、同盟国との協力及び国際社会との協力を統合的に組み合わせることにより、これらの目標を達成する。

また、我が国は、日本国憲法の下、専守防衛に徹し、他国に脅威を与えるような軍事大国とならないとの基本理念に従い、文民統制を確保するとともに、非核三原則を守りつつ、節度ある防衛力を自主的に整備するとの基本方針を引き続き堅持する。

核兵器の脅威に対しては、米国の核抑止力に依存する。同時に、核兵器のない世界を目指した現実的・漸進的な核軍縮・不拡散の取組において積極的な役割を果たすものとする。また、その他の大量破壊兵器やミサイル等の運搬手段に関する軍縮及び拡散防止のための国際的な取組にも積極的な役割を果たしていく。

2　我が国自身の努力

(1)　基本的な考え方

安全保障政策において、根幹となるのは自らが行う努力であるとの認識の下、我が国として総力を挙げた取組により、我が国に直接脅威が及ぶことを防止すべく最大限努める。また、国際的な安全保障環境の改善による脅威の防止のため、我が国は国際社会や同盟国と連携して行動することを原則としつつ、外交活動等を主体的に実施する。

(2)　国としての統合的な対応

一方、こうした努力にもかかわらず、我が国に脅威が及んだ場合には、安全保障会議等を活用して、政府として迅速・的確に意思決定を行い、関係機関が適切に連携し、政府が一体となって統合的に対応する。このため、平素から政府の意思決定を支える情報収集・分析能力の向上を図る。また、自衛隊、警察、海上保安庁等の関係機関は、適切な役割分担の下、一層の情報共有、訓練等を通じて緊密な連携を確保するとともに、全体としての能力向上に努める。さらに、各種災害への対応や警報の迅速な伝達をはじめとする国民の保護のための各種体制を整備するとともに、国と地方公共団体が相互に緊密に連携し、万全の態勢を整える。

(3)　我が国の防衛力

防衛力は、我が国に脅威が及んだ場合にこれを排除する国家の意思と能力を表す安全保障の最終的担保である。

我が国はこれまで、我が国に対する軍事的脅威に直接対抗するよりも、自らが力の空白となって我が国周辺地域の不安定要因とならないよう、独立国としての必要最小限の基盤的な防衛力を保有するという「基盤的防衛力構想」を基本的に踏襲した「平成八年度以降に係る防衛計画の大綱」（平成七年一一月二八日安全保障会議及び閣議決定）に従って防衛力の整備を進めてきたところであり、これにより日米安全保障体制と相まって、侵略の未然防止に寄与してきた。

今後の防衛力については、新たな安全保障環境の下、「基盤的防衛力構想」の有効な部分は継承しつつ、新たな脅威や多様な事態に実効的に対応し得るものとする必要がある。また、国際社会の平和と安定が我が国の平和と安全に密接に結びついているという認識の下、我が国の平和と安全をより確固たるものとすることを目的として、国際的な安全保障環境を改善するために国際社会が協力して行う活動（以下「国際平和協力活動」という。）に主体的かつ積極的に取り組み得るものとする必要がある。

このように防衛力の果たすべき役割が多様化している一方、少子化による若年人口の減少、格段に厳しさを増す財政事情等に配慮する必要がある。

このような観点から、今後の我が国の防衛力については、即応性、機動性、柔軟性及び多目的性を備え、軍事技術水準の動向を踏まえた高度の技術力と情報能力に支えられた、多機能で弾力的な実効性のあるものとする。その際、規模の拡大に依存することなくこれを実現するため、要員・装備・運用にわたる効率化・合理化を図り、限られた資源でより多くの成果を達成することが必要である。

3　日米安全保障体制

米国との安全保障体制は、我が国の安全確保にとって必要不可欠なものであり、また、米国の軍事的プレゼンスは、依然として不透明・不確実な要素が存在するアジア太平洋地域の平和と安定を維持するために不可欠である。

さらに、このような日米安全保障体制を基調とする日米両国間の緊密な協力関係は、テロや弾道ミサイル等の新たな脅威や多様な事態の予防や対応のための国際的取組を効果的に進める上でも重要な役割を果たしている。

こうした観点から、我が国としては、新たな安全保障環境とその下における戦略目標に関する日米の認識の共通性を高めつつ、日米の役割分担や在日米軍の兵力構成を含む軍事態勢等の安全保障全般に関する米国との戦略的な対話に主体的に取り組む。その際、米軍の抑止力を維持しつつ、在日米軍施設・区域に係る過重な負担軽減に留意する。

また、情報交換、周辺事態における協力を含む各種の運用協力、弾道ミサイル防衛における協力、装備・技術交流、在日米軍の駐留をより円滑・効果的にするための取組等の施策を積極的に推進することを通じ、日米安全保障体制を強化していく。

4　国際社会との協力

国際的な安全保障環境を改善し、我が国の安全と繁栄の確保に資するため、政府開発援助（ＯＤＡ）の戦略的な活用を含め外交活動を積極的に推進する。また、地域紛争、大量破壊兵器等の拡散や国際テロなど国際社会の平和と安定が脅かされるような状況は、我が国の平和と安全の確保に密接にかかわる問題であるとの認識の下、国際平和協力活動を外交と一体のものとして主体的・積極的に行っていく。

特に、中東から東アジアに至る地域は、従来から我が国と経済的結びつきが強い上、我が国への海上交通路ともなっており、資源・エネルギーの大半を海外に依存する我が国にとって、その安定は極めて重要である。このため、関係各国との間で共通の安全保障上の課題に対する各般の協力を推進し、この地域の安定化に努める。

二一世紀の新たな諸課題に対して、国際社会が有効に対処するためには、普遍的かつ包括的な唯一の国際機関である国連の機構を実効性と信頼性を高める形で改革することが求められており、我が国としても積極的にこの問題に取り組んでいく。

アジア太平洋地域においては、ＡＳＥＡＮ地域フォーラム（ＡＲＦ）等の地域の安全保障に関する多国間の枠組みや、テロ対策や海賊対策といった共通の課題に対する多国間の努力も定着しつつあり、我が国としては、引き続き、こうした努力を推進し、米国との協力と相まって、この地域における安定した安全保障環境の構築に向け、適切な役割を果たすものとする。

Ⅳ　防衛力の在り方

1　防衛力の役割

今後の我が国の防衛力については、上記の認識の下、以下のとおり、それぞれの分野において、実効的にその役割を果たし得るものとし、このために必要な自衛隊の体制を効率的な形で保持するものとする。

(1)　新たな脅威や多様な事態への実効的な対応

事態の特性に応じた即応性や高い機動性を備えた部隊等をその特性や我が国の地理的特性に応じて編成・配置することにより、新たな脅威や多様な事態に実効的に対応する。事態が発生した場合には、迅速かつ適切に行動し、警察等の関係機関との間では状況と役割分担に応じて円滑かつ緊密に協力し、事態に対する切れ目のない対応に努める。

新たな脅威や多様な事態のうち、主なものに関する対応と自衛隊の体制の考え方は以下のとおり。

ア　弾道ミサイル攻撃への対応

弾道ミサイル攻撃に対しては、弾道ミサイル防衛システムの整備を含む必要な体制を確立することにより、実効的に対応する。我が国に対する核兵器の脅威については、米国の核抑止力と相まって、このような取組により適切に対応する。

イ　ゲリラや特殊部隊による攻撃等への対応

ゲリラや特殊部隊による攻撃等に対しては、部隊の即応性、機動性を一層高め、状況に応じて柔軟に対応するものとし、事態に実効的に対応し得る能力を備えた体制を保持する。

ウ　島嶼部に対する侵略への対応

島嶼部に対する侵略に対しては、部隊を機動的に輸送・展開し、迅速に対応するものとし、実効的な対処能力を備えた体制を保持する。

エ　周辺海空域の警戒監視及び領空侵犯対処や武装工作船等への対応

周辺海空域において、常時継続的な警戒監視を行うものとし、艦艇や航空機等による体制を保持する。また、領空侵犯に対して即時適切な措置を講ずるものとし、戦闘機部隊の体制を保持する。さらに、護衛艦部隊等を適切に保持することにより、周辺海域における武装工作船、領海内で潜没航行する外国潜水艦等に適切に対処する。

オ　大規模・特殊災害等への対応

大規模・特殊災害等人命又は財産の保護を必要とする各種の事態に対しては、国内のどの地域においても災害救援を実施し得る部隊や専門能力を備えた体制を保持する。

(2)　本格的な侵略事態への備え

見通し得る将来において、我が国に対する本格的な侵略事態生起の可能性は低下していると判断されるため、従来のような、いわゆる冷戦型の対機甲戦、対潜戦、対航空侵攻を重視した整備構想を転換し、本格的な侵略事態に備えた装備・要員について抜本的な見直しを行い、縮減を図る。同時に、防衛力の本来の役割が本格的な侵略事態への対処であり、また、その整備が短期間になし得ないものであることにかんがみ、周辺諸国の動向に配意するとともに、技術革新の成果を取り入れ、最も基盤的な部分を確保する。

(3)　国際的な安全保障環境の改善のための主体的・積極的な取組

国際平和協力活動に適切に取り組むため、教育訓練体制、所要の部隊の待機態勢、輸送能力等を整備し、迅速に部隊を派遣し、継続的に活動するための各種基盤を確立するとともに、自衛隊の任務における同活動の適切な位置付けを含め所要の体制を整える。

また、平素から、各種の二国間・多国間訓練を含む安全保障対話・防衛交流の推進や国連を含む国際機関等が行う軍備管理・軍縮分野の諸活動への協力など、国際社会の平和と安定に資する活動を積極的に推進する。

2　防衛力の基本的な事項

上記のような役割を果たす防衛力を実現するための基本となる事項は以下のとおり。

(1)　統合運用の強化

各自衛隊を一体的に運用し、自衛隊の任務を迅速かつ効果的に遂行するため、自衛隊は統合運用を基本とし、そのための体制を強化する。このため、統合運用に必要な中央組織を整備するとともに、教育訓練、情報通信などの各分野において統合運用基盤を確立する。その際、統合運用の強化に併せて、既存の組織等を見直し、効率化を図る。

(2)　情報機能の強化

新たな脅威や多様な事態への実効的な対応をはじめとして、各種事態において防衛力を効果的に運用するためには、各種事態の兆候を早期に察知するとともに、迅速・的確な情報収集・分析・共有等が不可欠である。このため、安全保障環境や技術動向等を踏まえた多様な情報収集能力や総合的な分析・評価能力等の強化を図るとともに、当該能力を支える情報本部をはじめとする情報部門の体制を充実することにより、高度な情報能力を構築する。

(3)　科学技術の発展への対応

情報通信技術をはじめとする科学技術の進歩による各種の技術革新の成果を防衛力に的確に反映させる。特に、内外の優れた情報通信技術に対応し、統合運用の推進などに不可欠となる確実な指揮命令と迅速な情報共有を進めるとともに、運用及び体制の効率化を図るため、サイバー攻撃にも対処し得る高度な指揮通信システムや情報通信ネットワークを構築する。

(4)　人的資源の効果的な活用

隊員の高い士気及び厳正な規律の保持のため、各種の施策を推進するとともに、自衛隊の任務の多様化・国際化、装備の高度化等に対応し得るよう、質の高い人材の確保・育成を図り、必要な教育訓練を実施する。また、安全保障問題に関する研究・教育を推進するとともに、その人的基盤を強化する。

上記の役割を果たすための防衛力の具体的な体制は別表のとおりとする。

Ⅴ　留意事項

1　Ⅳで述べた防衛力の整備、維持及び運用に際しては、次の諸点に留意してこれを行うものとする。

(1)　格段に厳しさを増す財政事情を勘案し、一層の効率化、合理化を図り、経費を抑制するとともに、国の他の諸施策との調和を図りつつ防衛力全体として円滑に十全な機能を果たし得るようにする。

(2)　装備品等の取得に当たっては、その調達価格を含むライフサイクルコストの抑制に向けた取組を推進するとともに、研究開発について、産学官の優れた技術の積極的導入や重点的な資源配分、適時適切な研究開発プロジェクトの見直し等により、その効果的かつ効率的な実施を図る。また、我が国の安全保障上不可欠な中核技術分野を中心に、真に必要な防衛生産・技術基盤の確立に努める。

(3)　関係地方公共団体との緊密な協力の下、防衛施設の効率的な維持及び整備を推進するため、当該施設の周辺地域とのより一層の調和を図るための諸施策を実施する。

2　この大綱に定める防衛力の在り方は、おおむね一〇年後までを念頭においたものであるが、五年後又は情勢に重要な変化が生じた場合には、その時点における安全保障環境、技術水準の動向等を勘案し検討を行い、必要な修正を行う。

別　表

今後の防衛力を多機能で弾力的な実効性のあるものとするとの趣旨にかんがみ、以下の具体的な体制をもって、Ⅳに示す多様な役割を果たすものとする。

注：「弾道ミサイル防衛にも使用し得る主要装備・基幹部隊」は海上自衛隊の主要装備又は航空自衛隊の基幹部隊の内数。

著者紹介

一九五八年、福岡市に生まれる
一九八三年、学習院大学法学部卒業
一九八九年、東京都立大学大学院社会科学研究科博士課程単位取得修了(政治学専攻)
現在、中京大学総合政策学部教授、博士(政治学)

主要著書
戦後日本の防衛と政治

歴史文化ライブラリー
212

戦後政治と自衛隊

二〇〇六年(平成十八)五月一日　第一刷発行

著　者　佐《さ》道《どう》明《あき》広《ひろ》

発行者　林　英　男

発行所　株式会社 吉川弘文館
東京都文京区本郷七丁目二番八号
郵便番号一一三—〇〇三三
電話〇三—三八一三—九一五一〈代表〉
振替口座〇〇一〇〇—五—二四四
http://www.yoshikawa-k.co.jp/

印刷＝株式会社 平文社
製本＝ナショナル製本協同組合
装幀＝山崎　登

歴史文化ライブラリー

1996.10

刊行のことば

現今の日本および国際社会は、さまざまな面で大変動の時代を迎えておりますが、近づきつつある二十一世紀は人類史の到達点として、物質的な繁栄のみならず文化や自然・社会環境を謳歌できる平和な社会でなければなりません。しかしながら高度成長・技術革新にともなう急激な変貌は「自己本位な刹那主義」の風潮を生みだし、先人が築いてきた歴史や文化に学ぶ余裕もなく、いまだ明るい人類の将来が展望できていないようにも見えます。

このような状況を踏まえ、よりよい二十一世紀社会を築くために、人類誕生から現在に至る「人類の遺産・教訓」としてのあらゆる分野の歴史と文化を「歴史文化ライブラリー」として刊行することといたしました。

小社は、安政四年（一八五七）の創業以来、一貫して歴史学を中心とした専門出版社として書籍を刊行しつづけてまいりました。その経験を生かし、学問成果にもとづいた本叢書を刊行し社会的要請に応えて行きたいと考えております。

現代は、マスメディアが発達した高度情報化社会といわれますが、私どもはあくまでも活字を主体とした出版こそ、ものの本質を考える基礎と信じ、本叢書をとおして社会に訴えてまいりたいと思います。これから生まれでる一冊一冊が、それぞれの読者を知的冒険の旅へと誘い、希望に満ちた人類の未来を構築する糧となれば幸いです。

吉川弘文館

〈オンデマンド版〉
戦後政治と自衛隊

歴史文化ライブラリー
212

2019年（令和元）9月1日　発行

著　者　佐《さ》道《どう》明《あき》広《ひろ》
発行者　吉川道郎
発行所　株式会社　吉川弘文館
〒113-0033　東京都文京区本郷7丁目2番8号
TEL　03-3813-9151〈代表〉
URL　http://www.yoshikawa-k.co.jp/

印刷・製本　大日本印刷株式会社
装　幀　清水良洋・宮崎萌美

佐道明広（1958～）

ISBN978-4-642-75612-9